考える道徳を創る

中学校

新モラルジレンマ
教材と授業展開

荒木紀幸 編著

明治図書

は じ め に

　平成27（2015）年３月，学習指導要領の一部改正があり，「特別の教科　道徳」，道徳科の誕生した。これにより，主人公の気持ちを考える道徳，「心情重視」の道徳から，「考える・議論する」道徳への質的な変換，つまり「移行」「改善」が図られることとなった。

　この改正に先立ち，「心のノート」は全面改訂されて，「私たちの道徳」（2014）となり，道徳教育用教材として全国の小学生，中学生に配られた。その中の46の「読み物教材」について，活用の仕方を紹介した文部科学省の「活用のための指導資料」を分析したところ，小学校，中学校いずれも，その授業モデルの「ねらい」はその殆どが「態度の育成」で占められた。「道徳的心情」は10％未満で，「判断」に至っては皆無であった（荒木，2016）。

　私たちは，「私たちの道徳」を「考える道徳」として活用できるように，『考える道徳を創る－「私たちの道徳」教材別ワークシート集　小学校編，中学校編』として，明治図書から2015年９月に出版した。私たちが用意した108の授業モデルについて，「ねらい」の構成（「判断」「心情」「意欲」「態度」）比率を調べたところ，小学校低学年では，その構成比が14％対22％対36％対28％，中学年で23％対20％対27％対30％，高学年で，25％対29％対31％対15％，中学校で43％対23％対16％対18％であった。道徳性の構成要素の中で「考える道徳」と最も関係の深い「ねらい」は「道徳的判断の育成」である。この調査結果から，中学生の教材について「判断」重視の授業モデルがワークシート等の工夫によって数多く用意されていたことが明らかにされた。その授業の特徴は，道徳的な価値について多様な視点から批判的，創造的に考え，討論を可能にするもので，主体的な「判断」を求めるものである（荒木，2016）。

　「私たちの道徳」に出てくる「読み物教材」は１つの正しい結末が示されたクローズエンドの物語であり，そこでは多様な思考や批判的思考を行うことが制限される。多様な道徳的価値を扱い，自由で創造的な道徳的思考を可能とする道徳的な教材が必要なのである。佐藤清文（2010，2012）や藤田英典（2014）たちはコールバーグが開発したオープンエンドの討論型授業が盛り込まれていない新しい道徳授業をいち早く批判している。

　私たちはモラルジレンマ授業を，コールバーグ理論に立って「モラルジレンマ（道徳的な価値葛藤）を集団討議によって解決していく過程を通して，児童生徒一人ひとりの道徳的判断力を育成し，道徳性をより高い発達段階に高めることをねらいとした授業」と定義し，実践研究を1983年頃から始め，その成果や効果を報告している（例えば，ブラッド（Blatt）効果，$\frac{1}{3}$段階の道徳性の発達的上昇，$\frac{2}{5}$段階の役割取得能力の発達的上昇など。荒木，2015）。また，この授業の「理論と実践」書を各種出版し，普及と啓蒙に努めてきた。その殆どが重版され，多いものに明治図書の『モラルジレンマ資料と授業展開』第２集－中学校編（1990年初版の30版）がある。これまでに開発したモラルジレンマ教材は小学校で124本，中学校で74本（高校

５本含む）に達し，今ではモラルジレンマ授業は日本各地で広く実践されている。

　今回の出版は「モラルジレンマ資料と授業展開」の第３集に当たり，中学１〜２年，中学２〜３年，中学３年〜高校生と３区分をつけて編集した。基本は中学生を対象とした教材であり，どの学年でも利用可であるが，高校生はもちろんのこと大学生や大人まで，幅広く使っていただけるものである。また教材においては不易を大切にし，社会の変化や時代の要請に応じる必要がある。子どもたちには新しい時代，道徳の教科化に合わせた新しいモラルジレンマ教材が必要である。今回は，まさにその後押しを受けた出版でもある。

　用意した教材の中で落語「一文笛」はユニークである。2015年に亡くなられた人間国宝，桂米朝師匠の創作で，野本玲子氏によって桂米朝事務所とざこば師匠の許可のもと授業化された。野本氏は噺家の着物姿で扇子，座布団を使って授業を行ったが，米朝師匠の DVD 映像を使うやり方もある。挑戦していただきたい。この他にも多種多様なモラルジレンマ教材を用意した。例えば，中学生活で起こりえるモラルジレンマ，執筆者自身が生活の中で苦しみ悩んだ問題，現在社会が決断を迫っている問題，人が人生をかけた仕事や生きがいとは何か，人生の岐路に立たされた時どう人は決断すべきか，アスリートや歴史上の人物を借りて考えさせたいもの等。

　「問題解決を単なる二項対立の図式にして，『あれかこれか』を選ばせるだけだと，モラルジレンマのような授業になってしまい，道徳的価値が混乱して望ましくない」と述べるモラルジレンマ授業批判（柳沼，2015）を目にしたが，モラルジレンマ授業の本質を見ていない極めて残念な発言である。私たちは，モラルジレンマ授業を続けることが，道徳性を発達させるだけでなく，児童生徒の道徳的感受性を高め，民主主義に立って行われる討論授業がお互いの人格を尊重する自尊感情を育て，道徳好きな子どもを生み，学校生活を生き生きと充実させることを数多くの実践的，実証的研究から明らかにしてきた（荒木，1997，荒木他，2011）。

　本書は荒木が編集を行ったが，松尾廣文（東京都中学校道徳教育研究会副会長，大森第六中学校長），荊木聡，堀田泰永各氏には，側面から編集を助けていただいた。記してお礼申し上げる。野口裕展，森川智之両氏は特に大量のモラルジレンマ教材を開発し，３月のはじめには届けて下さった。本当によかった。野口氏の場合，４月14日に熊本大震災で被災され，校長職のため執筆はとても無理な状況にあったし，森川氏も４月の校長昇進と重なり，やはり無理と思われる。一方で荊木氏のグループはこの執筆のために合宿研修まで行われた。今回16人の先生方が執筆に参加されたが，これ以外にも多くの先生方が関わって完成を見ました。お一人お一人名前を上げられないが，皆さまにはいろいろな形でのご苦労をお掛けしました。ここに厚くお礼申し上げる。最後になったが，明治図書編集の茅野現さんには，新しいモラルジレンマ教材の開発が「特別の教科　道徳」では何より必要だと訴えられて，出版を強く後押しして下さった。感謝し，お礼申し上げる。

　2016年９月５日　　　　　　　　　　　　　　　　　　　　　　　　　　　　荒木　紀幸

目　次

第1章　モラルジレンマ教材で「考える道徳・議論する道徳」を

第2章　新モラルジレンマ教材と授業展開

モラルジレンマ教材の作者と内容項目の内訳

資料題名	ジレンマの型	判断の内容	中心的な内容項目(道徳的価値内容)	作者	挿絵
\(中学1〜2年生\)					
① 事故の責任は誰に？	タイプⅡ	事故の責任は「ぼく」にある	C－⑽遵法精神	野口裕展	
		事故の責任は「ぼく」にはない	D－⑲生命の尊さ		
② 千歳川放水路計画	タイプⅡ	放水計画を進めるべき	D－⑲生命の尊さ	森川智之	森川智之
		放水計画を中止するべき	D－⑳自然愛護		
③ 家族の絆	タイプⅠ	交換して我が子を育てるべき	C－⑭家族愛	荊木 聡	
		交換せず他人の子を育てるべき			
④ メル友って，本当の友だち？	タイプⅡ	真衣は電話相談をすべき	B－⑻友情，信頼	野口裕展	
		真衣は電話相談をすべきではない	C－⑮集団生活の充実		
⑤ 母の信念	タイプⅡ	家族は母にガンを告知すべき	D－⑲生命の尊さ	廣瀬明浩	
		家族は母にガンを告知すべきでない	B－⑹思いやり，C－⑭家族愛		
⑥ 引きこもっちゃダメ！	タイプⅡ	一人ひとりが家庭訪問をすべきである	C－⑮よりよい学校生活	野口裕展	
		各自の判断に任せるべきである	B－⑻友情，信頼		
⑦ マルクス＝レーム 義足のスーパーアスリート	タイプⅡ	レーム選手を代表に選出するべき	C－⑾公正，公平，社会正義	森川智之	
		他の選手を代表に選出するべき	B－⑼相互理解，寛容		
⑧ おばあちゃんの黄色い花	タイプⅡ	すぐに駆除するか，通報すべき	C－⑽遵法精神	山本善博	写真
		そっとしておくべき	C－⑭家族愛		
⑨ 楽してガッテン！	タイプⅡ	不正をしないようみんなを説得すべき	C－⑾公正，公平	野口裕展	
		カンニングのことを秘密にすべき	C－⑮よりよい学校生活		
\(中学2〜3年生\)					
① 文明の消滅〜失われた1万年〜	タイプⅠ	接触するべき	C－⑱国際理解，C－⑰伝統と文化の尊重	吉田雅子	
		接触するべきではない			
② サマナ湖のバス釣り	タイプⅡ	バス釣りを全面禁止して駆除するべき	D－⑳自然愛護	大島聖美	
		バス釣りを認めながら駆除するべき	C－⑽遵法精神，C－⑾社会正義		
③ 登録抹消？ドレスデン・エルベ渓谷	タイプⅠ	橋を建設するべき	C－⑯郷土を愛する態度	森川智之	
		橋の建設をやめるべき			
④ 残された水	タイプⅡ	水を飲ませるべき	D－⑲生命の尊さ	井原武人	
		水を飲ませるべきでない	C－⑾社会正義		
⑤ 夢のリンゴ作り	タイプⅡ	夢に挑戦し続けるべきである	A－⑷希望と勇気	田中真理子	
		夢をあきらめ，やめるべきである	C－⑭家族生活の充実		
⑥ 私にはできない。いや，きっとできる	タイプⅡ	久美を励まし続けるべき	A－⑷克己と強い意志	野口裕展	
		セッターを外すように監督に働きかけるべき	C－⑮集団生活の充実		
⑦ 正義の黄色	タイプⅡ	「犬税」を導入するべきである	C－⑾公正・公平，社会正義	中野宏美	写真
		「犬税」を導入すべきではない	C－⑫公共の精神		
⑧ 団長なら団長らしくしろ！	タイプⅡ	健太をやめさせるべき	A－⑷克己と強い意志	野口裕展	
		健太をやめさせるべきではない	C－⑮集団生活の充実		
⑨ 最後の酸素ボンベ	タイプⅠ	酸素ボンベを使い続けるべき	D－⑲生命の尊さ	野本玲子	
		酸素ボンベを切るべき			
⑩ ショーン・オキーフ NASA長官の決断	タイプⅡ	「タクシー・ミッション」を利用するべき	D－⑲生命の尊さ	森川智之	
		「タクシー・ミッション」を利用するべきではない	C－⑰国を愛する態度		
\(中学3年生〜高校生\)					
① TMT〜聖地マウナ・ケアをめぐって	タイプⅡ	「保護地区利用許可」の取り消しを認めるべき	A－⑸真理の探究，創造	森川智之	
		訴えを退けるべき	C－⑯郷土の伝統と文化の尊重		
② 塾講師の悩み	タイプⅡ	塾のアルバイトを続けるべき	C－⑾公正，公平，社会正義	小林将太	
		塾のアルバイトを辞めるべき	C－⑮よりよい学校生活，集団生活の充実		
③ トランジット・ビザ	タイプⅡ	難民の要望を受け入れるべき	C－⑭家族愛	荊木 仁	
		外務大臣の命令・指示に従うべき	C－⑽遵法精神		
④ もうひとつの苦しみ	タイプⅠ	飛行機に乗るよう勧めるべき	C－⑬勤労	和田雅博	
		アフリカ中央部に留まるよう伝えるべき			
⑤ オザル首相の決断	タイプⅡ	トルコ航空機を派遣すべき	C－⑱国際理解，国際貢献	伊藤裕康	
		トルコ航空機を派遣すべきでない	C－⑰国を愛する態度		
⑥ 落語「一文笛」	タイプⅡ	ヒデの行為に賛成（盗むべき）	D－⑲生命の尊さ	桂 米朝	
		ヒデの行為に反対（盗むべきでない）	C－⑽遵法精神		

第1章

モラルジレンマ教材で
「考える道徳・議論する道徳」を

1 「道徳教育カリキュラムの改善に関する研究」とモラルジレンマ授業

　モラルジレンマ授業への関心の高さを示す指標には書籍の重版回数がある。私たちが出版したモラルジレンマ授業の啓蒙書は10冊以上に及び，2016年の時点で最多の重版回数は，「モラルジレンマ資料と授業展開－中学校編，1990年初版の30版」，「同小学校編，27版」がある。また，教育現場でモラルジレンマ教材がどの程度使用されているかを，A県B市政令指定都市の全小学校（96校）教員1441名（男性565，女性876名）を対象に調査した藤井基貴と加藤弘道（2010）は，①モラルジレンマ授業は小学校教員の４割程度が実施，②モラルジレンマ教材を使う教員の多くは大学院で長期研修を受けている，③効果についての理解で，性差・世代差が見られ，特に女性教員は「地域や国を大切に思う」，「他人を思いやる」，「命を大切に思う」気持ちを養う「対他的な効果」があるとまとめ，モラルジレンマは教育学者の間で道徳教育の新たな指導法として大きな注目と期待を集めてきたが，現状はまだ４割程度の導入であり，十分現場に根ざしていないと分析する。その原因として国立大学教育養成系学部での調査（「道徳の指導法」でモラルジレンマを取り上げている大学が25％程に過ぎない，姫野ら2009）をあげ，大学での教育養成における教職カリキュラムの在り方について検討する必要性を訴えている。

　国立教育研究所の西野真由美が代表となった５カ年計画研究（1993〜97年），「道徳教育カリキュラムの改善に関する研究」（1997a）「国立教育研究所広報108号（1997b）」の中でモラルジレンマ授業は今後の道徳教育の改善に大きく貢献する授業として取り上げられていた。

　西野は広報108号で研究の目的を，道徳教育に携わる教師への質問紙調査に基づいて，現行カリキュラムの問題点を把握し，道徳カリキュラムの改善課題を明らかにし，新しいカリキュラム開発の方策を提起することだと述べる。1994〜95年収集の８都県の協力校の小学校607名，中学校877名の教師の回答に基づいて分析し，次のように結果を報告している。

　授業を行う教師の７割以上が，「授業のマンネリ化」や「道徳の授業展開のパターン化」を指摘し，その最も広く支持・実践されている授業パターンは，小中学校ともに，子どもに身近な題材を扱った読み物教材を使って子どもの心に感動を与える授業という。教師の多くは多様な価値観を含む教材が望ましいと考え，子どもに自分の意見や考えを持たせたいと願っている。しかし，モラルジレンマやオープンエンド教材を使って子ども自身に考えさせる授業方法は，上記の授業方法ほど一般的でなく，ディスカッションや新聞記事など物語り教材以外の教材を活用した授業は殆ど行われていない。「子どもが楽しみにする道徳授業」をキーコンセプトとしてあげている。

　また，「道徳教育カリキュラムの改善に関する研究（報告）」は，Ⅰ道徳教育の目標，Ⅱ道徳教育の内容，Ⅲ道徳教育の方法，Ⅳ道徳教育の評価，Ⅴ学校に基礎を置くカリキュラム開発，で構成され，Ⅳの「カリキュラム改善の課題」の中で，「道徳性の発達という視点」「モラルジ

レンマ授業の方法」がカリキュラム開発に役立つとして紹介された（1997b）。

❶　道徳性の発達という視点

　道徳教育の評価は，道徳教育の目標である道徳性の育成をどう捉えるかという視点と不可分に結びついている。道徳性の発達から私たちが学びうることは，1．発達段階は飛び越えないで必ず順番に発達すること，すなわち，それぞれの段階を確実に身につけることで次の段階への発達が可能になる，2．道徳性の発達は他律から自律への過程である，すなわち判断の主体が外部にある段階から自己自身が判断の主体になる過程，3．役割取得の観点からすれば，道徳性の発達とは，自己自身→身近な他者→社会→普遍的な人間一般へと，より普遍的抽象的な役割取得ができるようになること，4．道徳性の発達には様々な要因があり，発達のメカニズムは単純でないこと，5．発達を促進するためには，現段階のものの見方考え方では解決できないジレンマに出合わせ，より高い段階の解決方法に出合わせること，等の方法である。

❷　モラルジレンマ授業の方法

　荒木紀幸らは，コールバーグの道徳性発達理論の応用としての「ジレンマ教材」による日本版道徳授業の提案をしている（1996，明治図書他）。この授業方法のねらいは，道徳的ジレンマについて子どもたちによる「話し合いそのもの」であり，特定の道徳的価値を内面化しようとするものでない。授業における道徳的ジレンマの話し合いにおいて，子どもは多様な考えに出合うことで自己の道徳的思考の形式の発達が促進されるとする。授業は，2つ以上の道徳的価値が互いに対立する内容を含んだ「ジレンマ教材」を使い，最終的に主人公が何をするべきかは未決定のままで終わる「オープン・エンド」方式をとる。授業での道徳的ジレンマをめぐる話し合いをはさんだ前後に，ジレンマの解決方法とその理由を記録し，それを教師が確認することで，授業が子どもにどのような影響を及ぼしたかを測定することができるとする。そのためには，子どもの反応を分析して発達段階を評定するための，教材ごとの反応分析表が必要である。

2　「特別の教科　道徳」とモラルジレンマ授業

　「特別の教科　道徳」の誕生により，「道徳の時間」では21世紀に見合った新しい道徳授業法の展開が求められている。道徳教育の指導法の改善について「道徳教育の充実に関する懇談会」の報告（2013）で特に強調されたことは，

　1）児童生徒の発達段階をより重視した指導方法を確立し普及することであり，それには多角的・批判的に考えさせたり，議論・討論させたりする授業の活用，

　2）道徳的実践力を育成するために，ロールプレイやコミュニケーションに係わる具体的な

動作や所作の在り方に関する学習や問題解決的な学習を一層積極的に活用，である。

　この新しい道徳の指導法を従来の指導法と区別するために，私たちはこれを「考える道徳，問題解決の道徳」と呼び，その典型の1つが「モラルジレンマ授業」と考えている。「モラルジレンマ授業」はコールバーグ博士（1927‐1987）による道徳性認知発達論に依拠した授業方法であり，「1主題2時間授業」と呼ばれたり，兵庫教育大学方式の授業と呼ばれることがある。1982年頃から，私たちはモラルジレンマ授業を「モラルジレンマ（道徳的な価値葛藤）を集団討議によって解決していく過程を通して，児童生徒一人ひとりの道徳的判断力を育成し，道徳性をより高い発達段階に高めることをねらいとした授業」と定義して実践研究を続けてきた。この30年近くにわたる成果については「はじめに」で述べたとおりである（荒木，2015）。

　コールバーグ理論では，児童生徒の道徳性を発達させるために認知的不均衡（価値葛藤）の状態を用意し，その均衡化（問題の解決を図る）へ向けた一連の認知活動を取らせる。これがモラルジレンマを中核に据えた授業の誕生となった。今回の「考える・議論する」道徳科への質的変換に向けて，文科省が公表した「教育課程企画特別部会，論点整理」（2015年11月）では今後の学校教育における道徳教育の在り方が描かれている。次はその一部の引用である。

　「学校における道徳教育は，自己の生き方を考え，主体的な判断の下に行動し，自立した一人の人間として他者とともによりよく生きるための基盤となる道徳性を養うことを目標とする教育活動であり，『どのように社会・世界と関わり，よりよい人生を送るか』の根幹となるものである。このような資質・能力の育成を目指す道徳教育においては，既に学習指導要領が一部改訂され，小学校では平成30年度，中学校では平成31年度から，『特別の教科道徳』（道徳科）が実施されることとなっている。『論点整理』が目指す『これからの時代に求められる資質・能力の育成』や，『アクティブ・ラーニング』の視点からの学習・指導方法の改善を先取りし，『考え，議論する』道徳科への転換により児童生徒の道徳性を育むものであり，道徳的諸価値についての理解を基に，自己を見つめ，物事を多面的・多角的に考え，自己の生き方や他者との関わりについても考えを深める学習を通して，道徳的判断力，道徳的心情や道徳的実践意欲と態度を育てるものである。

　道徳の特別教科化は，これまで軽視されがちだったと指摘される従来の道徳の時間を検定教科書の導入等により着実に行われるように実質化するとともに，その質的転換を図ることを目的としている。特に，『考え，議論する』道徳科への質的転換については，子供たちに道徳的な実践への安易な決意表明を迫るような指導を避ける余り道徳の時間を内面的資質の育成に完結させ，その結果，実際の教室における指導が読み物教材の登場人物の心情理解のみに偏り，『あなたならどのように考え，行動・実践するか』を子供たちに真正面から問うことを避けてきた嫌いがあることを背景としている。このような言わば『読み物道徳』から脱却し，問題解決型の学習や体験的な学習などを通じて，自分ならどのように行動・実践するかを考えさせ，自分とは異なる意見と向かい合い議論する中で，道徳的価値について多面

的・多角的に学び，実践へと結び付け，更に習慣化していく指導へと転換することこそ道徳の特別教科化の大きな目的である。

　義務教育においては，従来の経緯や慣性を乗り越え，道徳の特別教科化の目的である道徳教育の質的転換が全国の一つ一つの教室において確実に行われることが必要であり，そのためには，答えが一つではない，多様な見方や考え方の中で子供たちに考えさせる素材を盛り込んだ教材の充実や指導方法の改善等が不可欠である。」

このような道徳教育の質的転換に応える授業法として，「モラルジレンマ授業」はその強力な授業モデルの，正に１つなのである。

3　モラルジレンマ教材について

　子どもたちの道徳性を発達させるためには，子どもたちを道徳的な不均衡状態，価値葛藤の状態，モラルジレンマの状態に置く必要がある。それは道徳的に見て正しさの判断が極めて曖昧で，どちらも正しいと認められる道徳的価値選択の岐路に立たされた葛藤状態をいう。そのための道徳教材のことをモラルジレンマ教材，資料と呼ぶ。それは一般に，オープンエンドの形で投げかけた道徳的な価値葛藤の物語である。このような道徳的な不均衡な状態は，子どもたちの道徳的な思考や感情を刺激し，道徳的な問題を解決しようとする動機づけを高め，均衡化へ向けた努力を促す。（荒木，2013：モラルジレンマ授業はなぜ子どもにも大人にも人気があるのか？）

　「モラルジレンマ物語」はその構造から，大きく２つに分けられる。タイプⅠのモラルジレンマは，１つの価値についての当為をめぐって生じる葛藤を扱っている。例えば，「文通」では，『珠美の親友咲子は修一に思いを告げられず悩んでいたが，修一の転校を知って落ち込んでしまう。珠美は盲腸で入院した咲子に代わって修一に文通の申し入れに行ったが，用件を打ち明ける前に修一から珠美に文通の申し込みがあった。珠美も自分の心の中に修一に対する好意に気づき，どう返事をするべきか困ってしまった。珠美は交際を受け入れるべきか。断るべきか。』このジレンマでは，「Ｂ．友情・信頼」という道徳的価値が問題にされている（松尾廣文，1990）。

　これに対して，タイプⅡでは２つ以上の価値の間で生じる当為をめぐる葛藤が問題にされる。例えば，ジレンマ教材「南洋のキラ」では，「Ｃ．郷土を愛する態度」と「Ｄ．自然愛」の２つの価値が，開発を進める，開発を断る，の判断のもとで扱われている。ジレンマの内容は，『過疎の島，カウラに産業を起こすことが村長キラの積年の夢であった。そんな折，島の開発という話が舞い込んできた。しかしその実行により恵まれたカウラの自然は大きな変化を被ってしまう。キラは島の開発にどう対処すべきかで悩んでいる』というものである（松尾廣文，1993：荒木，1996）。どのモラルジレンマにも認知と感情が関与しており，つらい決断を伴う

ことがしばしばある。本書で取り上げたモラルジレンマ教材の詳細は内容項目の内訳（6頁）を参照のこと。

　なお，ジレンマ教材はスマホでもっと遊びたいが，犬の散歩にも行かなければならないというように，強い心と弱い心，あるいは良い心と悪い心の葛藤という価値・反価値の葛藤を含まない。平野武夫博士が関西道徳教育研究会で実践した道徳教育「価値葛藤の場」とは異なる。平野先生の価値葛藤とコールバーグ理論における道徳的価値葛藤（モラルジレンマ）の違いについては，「モラルジレンマ授業の教材開発，荒木紀幸，1996，明治図書」に詳しい。

　モラルジレンマ教材は「読み物教材」でもある。しかし従来の「読み物道徳」と呼ばれる教材とは質的に違っている。従来型は結末がクローズで，答えは1つである。子どもにとっても大人にとっても正しい答えは1つである。このことが価値を押しつける授業となったり，わかりきったことを学ぶ思考停止の授業となったりする。しかし，モラルジレンマ型では答えはオープンであり，どの答えも道徳的に正しい。子どもたちは間違うことを気にしなくてよい。この結果この授業では考える自由が保障される。また子ども同士でも子どもと大人でも発達段階の違いによって正しいとする理由がそれぞれで違っており，オープンである。しかも道徳的に発達することで道徳的な見方や考えがその後に質的に変わることが予想されるので，この点を強調してこの授業を，未来に開いている，オープンエンド授業ともいう。また2つの道徳的価値を扱ったモラルジレンマでは，その解決はどちらかの価値を選択的に選ぶという価値選択の問題でもあり，この選択は人がどの価値を本当に大切にしているか，それはなぜかを突き詰めることによって達せられる（分化）。また，深く考えた結果が，より上位の考え，2つの価値を「統合」する新しい価値の発見へと導き，「止揚」や「中庸」につながったりする。

　中庸とは，偏らず，常に変わらないことであり，不偏不倚，過不足のないことをいう。道徳（倫理）ではほどのよさを意味し，極端な，あるいは葛藤する諸決定の間の中間の道を選ぶという賢明な実践の道をいう。中国で中庸，印度では中として説かれ，プラトンやアリストテレスによって究明された道徳の実践原理である。一方，止揚とは，弁証法的な「止揚」として説明される。ヘーゲルによると，事物が発展する場合，低い段階のすべてが棄てられ，高い階段が突然表れるものではなく，前者の外形は棄てられるが，その外形に含まれていた内容は高い段階に引き上げられる。その内容は古いままではなく，新しい関連と秩序の中に組み込まれて，新しい形式をとり，新しい事態に同化された材料として保存せられる。価値葛藤の場に直面し，弁証法的な止揚によってこの価値葛藤を克服する時，この2つの価値はより高い立場において統一され，真によく生かされる（モラルジレンマ授業の教材開発，26頁）。

4 モラルジレンマ授業の授業過程

　私たちは「分化」と「統合」の増大が「規範性と普遍性」の向上をもたらすというコールバーグの認知発達論に基づいて授業論を展開している。「分化」の増大は他律的な道徳「である」から自律的な道徳「べきである」に分化していくことにより，「規範性」が増大していくのである。「統合」の増大とはいついかなる場合にも，いかなる人に対しても「べきである」と規定するような「普遍性」が増大することをいう。この「分化」と「統合」は，認知的諸データ

表1　基本授業モデル（1主題2時間の授業過程，1988）

(a)　授業過程の基本型（第1次）

時　間	指　導　過　程	内　　　　容
10〜35分	モラルジレンマの提示（立ち止まり読み）	主人公のおかれた状況を読み取り，モラルジレンマ（道徳的葛藤）に直面する。
	状況の共通理解と道徳的葛藤の明確化	読み取りの誤りを修正し，道徳的価値の生起する状況を共通理解する。主人公に役割取得し，道徳的葛藤を明確に把握する。小集団討議（ペアトーク）を活用する。
10〜25分	主体的な価値選択（第1回の判断・理由づけ）	道徳的葛藤の場面で主人公はどうすべきか（当為）を判断し，その理由をカードに書く。

2次の授業の準備

> ○1回目の判断・理由づけカードの内容を整理し，第2次で用いる書き込みカードを作成する。
> ○書き込みカードの「理由」部分を拡大したものを黒板掲示用に作成する。
> ○1回目の判断・理由づけから，論点になりそうな部分を予想し，発問を準備する。

(b)　授業過程の基本型（第2次）

時　間	指　導　過　程	内　　　　容
5〜10分	道徳的葛藤の再確認	第2次のはじめとして，状況把握の共通理解をする中で葛藤状況を再確認し，道徳的葛藤を明確に把握する。
7〜10分	自己の価値選択の再確認と他者の価値選択の検討	学級全員の理由づけを分類したカードに自分の意見を書き込むことにより，自分とは違う他者の考え方に気づく。
7〜15分	自己と他者の考え方の相互批判・吟味（ディスカッション1）	各自の書き込みを基にして，いろいろな立場の理由づけに相互に意見を述べ合い，意見の対立点（論点）を明らかにしていく。学級集団または，小集団討議（ペアトーク）を活用する。
10〜15分	自己と他者の考え方の相互の練り合わせ（ディスカッション2）	最終的な判断・理由づけを各自が導き出すために論点についての討議を深め，個人の自立性をそこなわずに，相手に示唆を与えながら，自分の考えを確かなものにしていく。学級集団または，小集団（ペアトーク）討議を活用する。
5〜8分	主体的な価値選択（第2回の判断・理由づけ）	道徳的葛藤の場面で主人公はどうすべきか（当為）を再度判断し，自分の最も納得する理由をカードに書く。

を調整し，認知構造の質的変換やより高い認知的均衡化をもたらす機能，つまり，「分化」と「統合」の増大は認知構造の段階的発達を促すのである。このことは主体が何らかの問題に直面した時，それをいっそう安定した仕方で解決できることを意味する。このように，構造上のより良い均衡はより安定したより一貫した仕方で道徳的問題や葛藤を解決できる。つまり，道徳的な問題解決能力の向上をもたらすという見解によりモラルジレンマ授業を構成している。

　授業の進め方としてコールバーグはソクラテスの産婆法（問答法）や人間主義心理学を打ち立てたロジャーズの非指示カウンセリング技法（他者心理に共感）から大きく影響を受け，それらを統合した民主主義に立脚した討論や話し合い法を提案している（コールバーグとメイヤー，1972）。そこでは対話と傾聴が重視されている。

❶　モラルジレンマ授業の基本型

　私たちは授業を討論による道徳的な問題解決学習と考え，授業のねらいである「道徳性の発達」を達成するために4段階の授業過程を想定している（表1，荒木，1988）。第1段階は道徳的ジレンマの共通理解である。ここでは「立ち止まり読み」という方法で，教材の読み取りを丁寧に行う。生徒の思い込みや勝手な解釈を防いで，第1次判断をさせる。発問には，①教材についての発問，②教材と生徒の生活をつなげる発問，③問題を明確化する発問がある。次の段階はジレンマに対して自己の考えを表し，明確化する第2段階である。発問には，①自己の考えを明確にする発問，②他者の考えを検討させる発問がある。第3段階は授業の中核，モラルディスカッションである。先生の役割は判断をめぐって生徒の議論がかみ合うように，新たな認知的不均衡が子どもの発言から出てくるようにすることである。認知的不均衡をもたらす発問として，①役割取得を促す発問，②結果を類推する発問，③認知的不均衡を促す発問，がある。最後の第4段階は生徒に道徳判断を求める。主人公はどうすべきか（当為）をその理由とともに回答させる。

　授業は3パターンあり，第1のパターンは1時間扱いの授業，第2のパターンは私たちが基本モデルと考える1主題2時間授業である（表1）。第3のパターン（1.5時間扱い）は前もって宿題や自習の形で教材読みと第1次の判断・理由づけを済ませ，1時間の討論授業を行う。

❷　モラルジレンマ授業における発問計画

　問題の解決に向けて，子どもたちの討論を活発にし，道徳性の発達を促すための「発問」を教材「文通」「南洋のキラ」を例にまとめたものが表2である。

表2　モラルジレンマ「文通」「南洋のキラ」の発問計画

発問の型	発問の例
理解を確認する発問 他の生徒が発言を理解しているかを確かめる。	・〇さん，△くんが言ったことがわかりますか。 ・〇さん，△くんが言ったことを自分のことばで言ってください。
議論に参加させる発問（G） 問題の論点について他の生徒に意見を求める。	・あなたは，△君が言っていることをどう思いますか。 ・〇さん，「…論点」について，どう思いますか。
定義の発問（T） 曖昧で理解困難，解釈が異なる発言について。	・友だちのことを思うとは，どうすることですか。 ・例をあげて説明してください。
役割取得を促す発問（Y） 主人公や登場人物，人一般，国の立場で問題を見つめ直すことが新たなジレンマを生み出すことがある。	・もし，珠美が修一と文通することを咲子が知ることになったなら，咲子はどのように思うだろうか。 ・修一が咲子さんの思いを知れば，珠美との文通をどう思う？
結果を類推する発問（K） このことにより，考えの不十分な点や欠点に気づく機会となる。	・もし，珠美が修一と文通を行った場合，どのような結果が生じるだろうか。 ・もし開発が進んだら，どんな問題が起こることになるか。
認知的不均衡を促す発問（N） 主張と矛盾することを突きつけその時点での問題点や思考の限界に気づかせより高い段階の考えに導く。	・人生において友情や信頼，異性への思いはどういう意味を持つのだろうか。 ・友だちのために負うべき最も大切なことは何か。
道徳判断を求める発問（H） 主人公はどうすべきか（当為）判断し理由を書かせる。あなたならどうする，もし自分だったらで判断させない。	・珠美は，どうすべきか。 ・村長のキラは開発を進めるべきですか，断るべきですか。

❸　役割取得の機会と動作化

　授業で動作化や役割演技，コミュニケーションを深める活動などを取り入れることについて，中学校学習指導要領道徳は，表現活動を通して自分自身の問題として深く関わり，ねらいの根底にある道徳的価値について共感的な理解を深め，主体的に道徳的実践力を身につけることに資すると解説する。モラルジレンマ授業における「役割取得の機会」はまさにそのような場面を提供している。小学生低学年では「役割取得の機会」の代わりに動作化や役割表現を取り入れることで，人の気持ちや感情の共感的理解が進む。小学校中学年以降中学生の子どもの場合には「役割取得の機会」が様々に活用できる。またロールプレイ（role-playing，役割演技や劇化）の形を取ることで，より深い人間理解ができたり，自己矛盾，新しい見方の発見につながる。エリオット先生による差別・偏見克服授業「青い目，茶色い目」（1985）では，小学3年生が，「役割取得の機会」のような間接的な差別体験ではなく，実際に差別を体験することによって，子どもたちの人種差別に対する考えは根本的に変わった。我が国でも1988年にNHKで放映され反響を呼び，その後何度も再放送されている（白石文人，1988）。なおこの直接体験授業は，高校生，大学生，社会人へと対象を変えて行われている。「エリオット先生

の差別体験授業〜青い目，茶色い目〜大学生への集中講義（2001）」は DVD 化され，我が国でもインターネットで，紹介されている（http://www.dailymotion.com/video/x16o3pv）。

❹ モラルジレンマ授業とアクティブ・ラーニング

モラルジレンマ授業は，小学校においても中学校においても小集団討議やペアトークを活用することが多い。4，5人の小グループによる話し合いを問題解決のために組織化できるとアクティブ・ラーニングが成立する。私たちは大学生について，モラルジレンマ教材「こうのとりのゆりかご」，「ハインツのジレンマ」，「この子のために」を使用したり，エリオット先生の「青い目，茶色い目」，差別体験授業「大学生向け青い目，茶色い目」を視聴させて，「ティームによる討論学習（アクティブ・ラーニング）」の可能性を検討している（荒木，2014）。

❺ モラルジレンマ授業における教師の役割

ソクラテス技法と非指示カウンセリング法を取り入れたオープンエンドのモラルジレンマ授業を行っていく上で担任教師に求められる基本的な態度には，次の4点がある。
①　教師自身，心理的に安定している。②　生徒について，優れている，劣っているといった評価的な判断を控える。③　生徒のそのような言動を取らざるを得ない事情を認め，受容する。④　生徒の学習を助ける水先案内，補助，介添えとしての役割をはたす。

次に，生徒同士が活発に相互作用し合い，討論できる学級環境を作るために，教師が配慮すべきことがらを以下に列挙する。
①　学級を公正と正義を重んじ，思いやりを大切にする道徳的雰囲気の場とする。②　学級は特定の個人や集団のものでなく，「私たちのもの，みんなのもの」という意識を持たせる。③　民主的でお互いの意見を自由に論じ合える学級風土を大切にする。そのために，間違う自由を保障し，温かい受容的な雰囲気を日ごろから育てる必要がある。④　教師は，「正しい答えはこうだ」「それは間違っている」などと自分の考えを押し付けたりしないで，一人ひとりの意見に耳を傾け，ねらいに合った考えや回答だけを選択的に取り上げるのでなく，生徒が十分に考えて，主人公はもちろんのこと登場する様々な人のことを考えて，どうあるべきかを生徒自身の責任において意思決定できるよう配慮することである。⑤　教師の計画する話し合いに固執せず，生徒の自発的な発言に耳を傾け，その流れを尊重する。

❻ モラルジレンマ授業の終わり方はオープンエンド方式で価値の一般化を行わない

オープンエンド方式は答えのないまま終わってしまうので，何を学んだかを曖昧にする，教えた気がしないとの批判がある。モラルジレンマ授業の本質と授業過程をしっかり理解してほしい。前段の「教師の役割」に示すように価値の押しつけを避け，子どもたちの主体性を尊重する授業過程（最低3回の子どもの主体的判断や討論）は，子どもたちが当面する道徳的諸価

値に配慮しながら，自己の責任においてしっかり考えて最終の判断・理由づけを書くことを保証するもので，教材と自分との関わり，自分の生活での気づきや生き方への反省を伴っている。

5　３水準６段階の道徳性の発達段階

❶　３水準６段階の道徳性の発達

　コールバーグ（1958，1969）は道徳性の発達を，道徳的な判断や推論，つまり道徳的な認識（見方，考え方，原理）の変化と捉える。同じ行為であっても，なぜそれが正しいのか，良いことなのかについて，その理由を道徳性の発達という枠組みで分析すると質的に異なるというのである。それが３水準６段階からなる道徳性の発達段階である（図１）。コールバーグは道徳性を認知能力と役割取得能力の発達が結びついて発達すると仮定する。知的にいくら優れていても，他者に対する関心や他者を認める役割取得能力の発達がなければ，道徳性の発達は期待できない。また，２つの能力がいずれも発達していない時期には低次の道徳性の段階に留まる。２つの能力が発達するのに伴い，人は次第に高次の道徳性を身につけていく。

年齢	認知能力	道徳性の発達			役割取得能力
		水準	段階		
大人／高校生／中学生	形式的操作	Ⅲ　慣習以降の自律的，原理的原則水準	六	普遍的な倫理的原則の道徳性	全人類を含む普遍的な視点
			五	人権と社会福祉の道徳性	社会システムに先行する個人の視点
		Ⅱ　慣習的水準	四	社会システムの道徳性	抽象的な社会的な視点
			三	対人的規範の道徳性	他者との関係における視点
小学生	具体的操作（可逆的）	Ⅰ　前慣習的水準	二	個人主義，道具的な道徳性	具体的な個人的な視点
			一	他律的な道徳性	自己中心的な視点
	前概念的操作		○	自己欲求希求志向	

図1　道徳性の発達と構造（荒木，1990を修正）

❷　水平的発達と垂直的発達

　発達には２つの方向がある。図１に示されたように段階１から段階２へ向かうの段階移行，これを垂直的な（vertical）発達と呼ぶ。その発達は非常に緩慢で年単位で生じる。この垂直的な発達には長い時間をかけた水平的な（horizontal）発達（ある発達段階特有の思考様式をいろいろな機会に様々な道徳的問題の解決に適用できることで，その人特有の安定した思考様式となる）を必要とする。この水平的な発達が十分に進むとより高次の解決を生む垂直的な発達が起こる。例えば，段階２の入り口に達すると次に段階１と段階２の思考様式を繰り返すようになる。さらに段階２の思考様式が安定し突出すると段階３的な思考様式が現れ，段階３が安定し，さらに段階３へ垂直的な発達が生じる。このように十分な水平的な発達こそ次の段階

への発達を確実にする。

❸ 道徳性の発達段階と教育のまとめ

表3は道徳性の発達段階の特徴と教育への示唆のまとめである（荒木，1997）。

表3　道徳性の発達段階の特徴と発達への示唆（荒木，1997，p.148を修正）

発達段階	一般的特徴	具体的な行動
段階1 罰回避と従順志向 他律的な道徳性	大人に無条件の服従	○先生や親から叱られないように，**大人の言う通りにすることが正しいことであり，善いことである。** ○人はそれぞれ感じ方が違っていることを理解できるが，自分の気持ちと相手の気持ちを同時に持てない。 **権威者もしくは自分の考えが正しいという1つの視点しかとれない** ○悪いことをすると，必ず報いを受けるという強い信念を持っている。
	垂直的な発達のために	○より高次の段階2の考え方に触れるなどして，決まりの理由をもっと深く考えさせる。 ○大人は子どもたち一人ひとりに公平に接する
段階2 個人主義 道具的な道徳性	利己主義	○子どもは自立した，**意志を持った存在**として，**大人と対等**であると主張する。 ○平等意識が強い。 ○子どもと大人，子ども同士の関係を一種の取り引き（give-and-take の関係）と考える，つまり「～してくれたら，～してあげる」，「それをしてどんな得があるの」。 ○自分が他人からどう見られているかによって自分を振り返ったり，自分の動機や行為に対して他者がどのように行動するかを予想することができる。しかし，これらを同時に相互的にはできない。 ○**厳格な公正観**，「目には目を」に立つ。
	垂直的な発達のために	○一人ひとりに対して愛情を持って，公平で平等に接する。 ○相互扶助に立つ。「わたしはあなたのために～をしたのだから，あなたはわたしのために～をすべきです」。 ○先生や親の子どもたちへ寄せる期待に気づかせる。
段階3 良い子志向 対人規範の道徳性	利他主義	○**慣習的な道徳の始まり**である。 ○良い子のイメージ（期待され，信頼される人間とは，良い動機良い意図を持ち，周りとの良い人間関係を保つことを心がけ，他人に気配りし，他人の期待に合った振る舞いができる人物）に従って行動する。 ○個人的な人間関係の中での道徳性が問題とされる。「**これをすれば，他の人は自分のことをなんと思うだろうか**」，と他人の目が気になる。 ○当事者の気持ち，他者の気持ち，第3者の気持ち，あるいは一般的他者の気持ちを統合（相互的な役割取得）して，みんなにとって公正，公平であるように判断できる。 ○内面的な良心が形成される。 ○黄金律を理解し，実行する。つまり，**黄金律**（Golden Rule）「**自分にしてもらいたいと望むとおり，人にもそのとおりしなさい。**」や**準黄金律**（Silver Rule）「**自分にとっていやなことを，人にも行わない。**」に従って行動する。
	垂直的な発達のために	○一人ひとりに対して愛情を持って，公平に平等に接する（人間的な関係の維持）。 ○相互扶助に立つ。「わたしはあなたのためにしているのだから，今度はあなたがわたしのために～をすべきだ」。 ○望ましい自尊感情が育つように指導する。

段階4 社会システムと良心の道徳性	社会システムの維持	○社会的な関係の中での道徳性が問題とされる。「みんなが同じことをしだしたら，世の中はどうなるだろうか」と，組織の中で，自分の行為が他の人にどのような影響を与えるか，の問いかけができる。 ○正しさの基準は社会的な組織の一員としての社会の秩序や法律を守ることである。 ○正しいことは国家や地域社会に積極的に貢献し，決まりに従って義務を果たし，自分の役割を果たすことである。 ○権威を敬うこと。 ○社会の一員として義務を果たすことが自尊感情を満足させる。

【引用・参考文献】

荒木紀幸　1988　『道徳教育はこうすればおもしろい－コールバーグ理論とその実践』北大路書房　pp.27-31.

荒木紀幸　1990　『ジレンマ資料による道徳授業改革－コールバーグ理論からの提言－』明治図書　p.54.

荒木紀幸　1996　『モラルジレンマ授業の教材開発』明治図書　pp.32-33.;pp.95-109.

荒木紀幸　1997　『続　道徳教育はこうすればおもしろい－コールバーグ理論の発展とモラルジレンマ授業』北大路書房

荒木紀幸監修　2012　『モラルジレンマ教材でする白熱討論の道徳授業＝小学校編，中学校編』明治図書

荒木紀幸　2013　序章　モラルジレンマ授業はなぜ子どもにも大人にも人気があるのか？『モラルジレンマ教材でする白熱討論の道徳授業＝中学校編』明治図書　pp.14-32.

荒木紀幸　2014　「ワークショップスペース（CLAFT，学習支援室など）を活かした楽しく学ぶ『チーム学習，特に討論重視の学習』の授業方法の研究」福山大学　大学教育センター

荒木紀幸　2015　兵庫教育大学方式のモラルジレンマ授業の研究－コールバーグ理論に基づくモラルジレンマ授業と道徳性の発達に及ぼす効果について－道徳性発達研究　pp.1-30.　日本道徳性発達実践学会

藤井基貴・加藤弘道　2010　道徳教育の授業開発に関する基礎的研究(1)―モラルジレンマに関する実態調査から―　静岡大学教育学部研究報告（人文・社会・自然科学篇）第60号　pp.237-244.

松尾廣文　1990　ジレンマ資料2年生・文通　荒木紀幸編『ジレンマ資料と授業展開　中学校編』明治図書，pp.40-41.

松尾廣文　1993　ジレンマ教材・南洋のキラ　荒木紀幸編著『資料を生かしたジレンマ授業の方法』明治図書　pp.71-73.

Kohlberg,L.　1969　Stage and sequences :The cognitive-developmental approach to socialization. In D.A.Goslin (Ed). *Handbook of socialization theory and research.* Chicago:Rand McNally. pp.347-480.

Kohlberg,L.,& Mayer,R.　1972　*Development as the aim of education. Havard Educational Review.*7 42.4, pp.449-496.

教育再生実行会議　2013　「道徳教育の充実に関する懇談会」の報告　文部科学省

教育課程企画特別部会　2015　「教育課程企画特別部会，論点整理」報告　文部科学省

西野真由美　1997a　「道徳教育カリキュラム改善に関する調査研究」国立教育研究所広報第108号　p.2.

西野真由美　1997b　「道徳教育カリキュラム改善に関する研究」国立教育研究所教科教育研究部　pp.22-23.

ウイリアム・ピータース著　白石文人訳　1988　『青い目・茶色い目－人種差別と闘った教育の記録』日本放送出版協会

〈「はじめに」引用・参考文献〉

荒木紀幸　1997　「15章　モラルジレンマ授業がめざす教育目標（学力）」荒木編著　『続　道徳教育はこうすればおもしろい－コールバーグ理論の発展とモラルジレンマ授業－』　北大路書房　pp.182-191.

荒木紀幸・森本玲子・鈴木憲　2011　フェイスダイヤグラムによるモラルジレンマ授業の分析　道徳性発達研究　第6巻　第1号　pp.27-37.

荒木紀幸　2016　研究ノート・道徳の「読み物教材・資料」に関する研究　道徳性発達研究　第10巻　第1号　pp.118-129.

道徳性発達研究会・荒木紀幸　2015　兵庫教育大学方式によるモラルジレンマ授業の研究―コールバーグ理論に基づくモラルジレンマ授業と道徳性の発達に及ぼす効果について―　道徳性発達研究　第9巻　第1号　pp.1-30.

藤田英典　2014　『安倍「教育改革」はなぜ問題か』岩波書店　pp.35-51.

佐藤清文　2010　モラル・ジレンマとマイケル・サンデン　http://blogs.yahoo.co.jp/hpcriticism/18196559.html

佐藤清文　2012　自尊感情と自尊心　http://blogs.yahoo.co.jp/hpcriticism/30611312.html

柳沼良太　2015　道徳教育に関わる評価等の在り方に関する専門家会議（第2回，7.15.　議事録）文部科学省

第2章

新モラルジレンマ教材と授業展開

① 事故の責任は誰に？

　2月の寒い朝のこと。中1のぼくは、寒さのせいでいつもより遅く家を出た。

「急がないと遅刻してしまう。」

　寒風の中、自転車を走らせていると、歩道の先のほうに小学生の集団登校の姿が見えた。いつもなら、もっと早い時間帯に通るので、小学生を追い越すことはなかった。

「小学生にけがをさせないようにしないと……。」

　そんなことを考えながら、「自転車通行可」の表示がしてある国道の車道側を走り抜けようとした。

　その時である。高齢の婦人が運転する自転車が、同じ歩道を対面する小学生の列を避けようと、突然、ぼくの目の前に進路を変更したのである。

　衝突は避けられなかった……。

　老婦人は、衝突の勢いで歩道から飛び出し、車道に出て横転した。運良く、車道を走っていた車は直前で停止したものの、その老婦人はけがをしたらしく、その場で動けずにいた。車の運転手さんが携帯電話で消防に通報してくれて、すぐに救急車が到着し、老婦人は病院に運ばれた。

　相手の自転車が車道に倒れたおかげで、ぼくは歩道で倒れ、運良く擦り傷程度で済んだ。また、登校中の小学生にも被害はなかった。

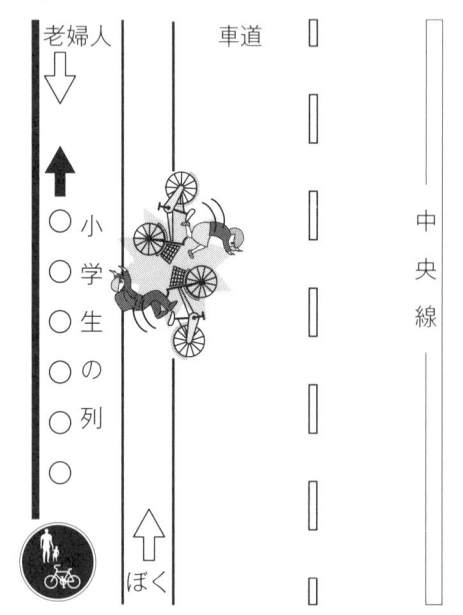

　事故処理に駆けつけた警察官に、名前と住所、親の連絡先、学校名を聞かれた上で、事故の様子について聞かれた。ぼくは、小学生の列を避けようとして進路を車道側に突然変更したおばあさんの自転車と衝突したことを伝えた。その途中、病院に運ばれた老婦人は骨折をしており、今から手術が始まるという警察無線が入った。老婦人の話では、

「歩道を勢いよく走ってきた学生の自転車にぶつけられた。」

と証言しているらしい。

　事故についての話が終わると、念のためにけがをしていないか検査することになり、近くの病院までパトカーで送ってもらった。擦り傷の治療を済ませ

簡単な検査が終わった頃、母と担任の先生がそれぞれ病院に駆けつけてきた。

　警察官から事情を聞いた母は、ぼくに向かって、いきなり、

　「あなたのせいで、お年寄りをけがさせたのよ！」

と大声で叱った。母は、老婦人をけがさせたことに対してかなり感情的になっていたようだ。

　「え！　この事故、ぼくが悪いの？」

と思わず、心の中でそう叫んだ。

事故の責任は「ぼく」にあるのか。それとも「ぼく」にはないのか。それはなぜか。

◆事故の責任は「ぼく」にある。

◆事故の責任は「ぼく」にはない。

（野口　裕展　作）

❶ 「事故の責任は誰に？」の授業実践

(1) **主題名**「事故の責任について考えよう」　　**教材名**「事故の責任は誰に？」

(2) **主題設定の理由（ねらい）**

　近年，未成年者の運転する自転車による人身事故がクローズアップされている。被害者に対する高額な損害賠償を命ずる判決が下されるケースが増えてきたためである。未成年者が加害者の場合，保護者がその責任を取らされることになる。一方，我が国の道路事情は，歩行者にとっても自転車利用者にとっても，危険な状況である。道路交通法の改正で，自転車は歩道から追い出された。自転車通行可の歩道も，決して安全とはいえない状況がある。そのような現状から，この問題を提起した。

(3) **教材について（タイプⅡ）**

　遅刻しそうな状況で自転車登校をしている「ぼく」が小学生の列を避けようとしたところに，対向してきた老婦人の自転車と衝突してしまう。事故の責任はどこにあるのか。個人の問題だけで考えるのではなく，道路行政にも目を向けたい。

(4) **学級の実態**

　中学校や高校では，自転車通学に伴う事故が後を絶たない。生徒たちの中にも，教材と同様の経験をしている生徒がいると思われる。その体験や目撃したことを引き出しながら，考えさせる。

(5) **価値分析表**

　コールバーグの道徳性の発達段階に照らして，予想される生徒の反応を表1に示した。

表1　価値分析表

事故の責任は「ぼく」にある	事故の責任は「ぼく」にはない
段階1　罰回避と従順志向，他律的道徳性	
・お母さんに叱られたから。悪いことをした。	・自分は悪くないのに叱られた。
段階2　個人主義・道具的な道徳性	
・老婦人と衝突してけがをさせたから。	・突然，進路を変えてぶつかってきたのは老婦人のほうだから。
段階3　良い子志向，対人的規範の道徳性	
・「ぼく」が安全運転を心がけていれば，事故は起きなかったから。	・自転車通行可の歩道の車道側を通行していたのに，進路を阻まれたことが原因だから。
段階4　社会システムと良心の道徳性	
・道路交通法では歩道を自転車で通行する場合は，いつでも止まれる速度で走行するように定められているから。	・歩道上を歩行者と自転車がそれぞれ対面して通行するシステムにそもそも問題があり，道路交通法の不備が原因であるから。

❷ 展開（２時間扱い及び1.5時間扱いの授業展開）

●第１次の授業（1.5時間扱いの場合，朝自習等で教材読みと１回目の判断・理由づけのみを行う。）

配時	学習活動と主な発問	指導上の留意点
展開前半 10分 〜 25分	1．資料を読み，ジレンマの状況を把握する。	・一読してジレンマの状況が把握できない場合は，立ち止まり読みも可。
	2．ジレンマの状況を正確につかみ，誰が何を為すべきか（当為）について考える。 ○登場人物（中心人物）の確認を行う。 ・「ぼく」，老婦人，母，警察官，その他 ○事故の原因がどこにあったのかを確認する。 ・「寝坊」で歩道を自転車で急いでいたこと。 ・老婦人が急な進路変更をしたこと。等 ◎ぼくには，事故を起こした責任があるか。それともないか。	・ジレンマの状況把握に誤解が生じないよう，状況確認をしっかりすること。 ・当為に関する食い違いが生じないように，板書すること。
展開後半 10分 〜 25分	3．第１回の判断・理由づけを行う。 ・カード記入前に，およその判断傾向を把握する。 ◎ぼくには，事故を起こした責任があるか。それともないか。それはなぜか。	・「判断・理由づけカード」に記入するが，ICTを活用して記録することができると第２次の利用が簡単になる。 ・挙手によっておよその判断傾向を把握すると，学習者の意欲も高まる。

●第２次の授業の準備

○１回目の判断・理由づけカードを集計し，判断の対立点と争点を洗い出しておく。
○道路交通法では自転車による歩道の通行をどのように規定しているかを調べておく。
・一般に歩道を自転車で通行できるのは，①13歳未満，②70歳以上の高齢者，③身体に障がいを持つ人となっている。
・「自転車通行可」の標識がある場合は，①歩行者に配慮し，②車道側を，③いつでも停止できる速さ（歩く速さ）で通行するように定めている。

●第２次の授業

配時	学習活動と主な発問	指導上の留意点
導入 10分	1．ジレンマの状況を再度確認し，判断の状況を知る。 〈責任がある〉＝○人 〈責任はない〉＝○人	・判断の状況は板書または掲示する。 ・各自の判断を明らかにするために名前札カードを判断別に貼り付けるとよい。
	2．判断の根拠となっている理由を知る。 〈「ぼく」に責任がある〉 ・寝坊してあわてていた。 ・すぐに止まれる速さではなかった。 ・老婦人の自転車をぼくは事前に確認できていた。 〈「ぼく」には責任はない〉 ・小学生の登校の列に配慮して走行した。 ・歩道の車道側を走行した。 ・老婦人は車道側を走行していなかったので小学生との衝突を避けるために突然，進路を変更した。	・キーワードをそれぞれの判断毎に短冊等で示す。（ICT使用可） ・同じキーワードが両方に現れた場合は，そのことをしっかり押さえる。 ・判断を留保している場合，名前を中間に貼らせる。
展開	3．黒板に示された判断・理由づけに対して，「書	・机間指導をしながら座席シートに簡単

前半 15分	き込みカード」に〇賛成，×反対，質問や意見を書き，発表する。 〇ペア（グループ）討論 〇争点の洗い出し ・「ぼく」も老婦人も過失があること。 ・より過失が大きいのは老婦人であること。 ・老婦人は骨折しているという事実。 ・歩道を歩行者と自転車が明確なルールなしに通行していること。 ・自転車専用レーンがないこと。等	な記録を取ると，意図的指名ができる。 ・ペア（グループ）討論の時間は短時間で済ませる。 ・ホワイトボード（タブレット）等に書き出させることも有効。
展開 後半 20分	4．争点について話し合いを深める。 〇自転車による歩道通行の場合，①歩行者，②自転車の幼児・児童・高齢者の安全が優先されなければならないこと。（Y） 〇「ぼく」は老婦人との衝突の危険予測ができなかったのか。（K） 〇そもそも歩道に歩行者と対面する自転車がルールなしに存在してよいのか。（N） 〇今回のような事故を未然に防ぐためには，どのようなことに気をつけたらよいか。（N）	・役割取得を促す発問（Y），結果を類推する発問（K），認知的不均衡を促す発問（N）でディスカッションを方向づけ，生徒の思考を深める。 ・展開前段で中心的な争点とつながる視点を主として取り上げる。
終末 5分	5．2回目の判断・理由づけを行う。 ◎事故の責任は「ぼく」にあるのか。それとも「ぼく」にはないのか。それはなぜか。	・判断が変わった生徒は名札を移動し，なぜ判断が変わったのかを確認する。

板書計画

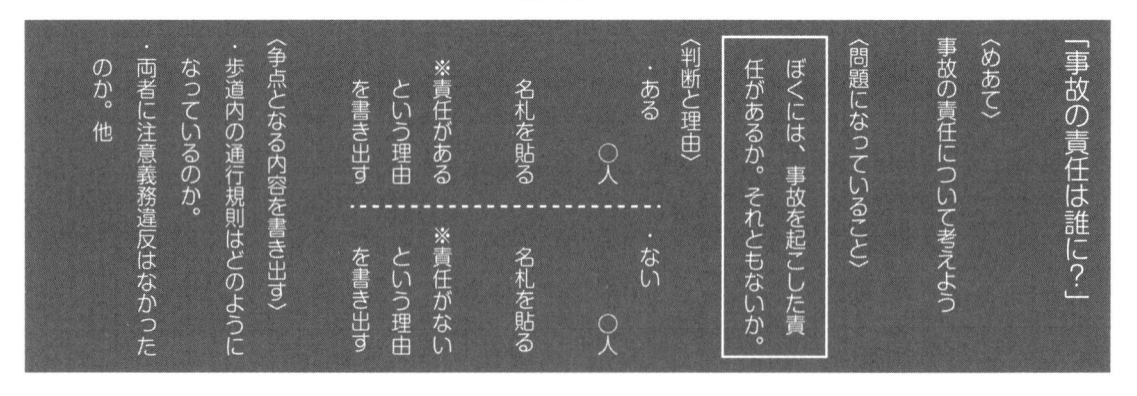

❸ 授業を行う上での留意点

　「第2次の準備」の項で示したように，道路交通法の内容を伝える手続きが必要になる。そこで，平成27年6月に改正された道路交通法で変更になった自転車の運行についてのルール。これは，道徳科の授業でのみ扱うのではなく，学活や学校行事等での交通指導と併せて実施することが望ましい。また，処罰が強化されたことや，損害賠償も自転車側に厳しくなっていることも押さえたい。併せて，自転車の運転者が未成年の場合，保護者に支払い義務が課せられることも伝えておきたい。その上で，賠償責任保険への加入が望ましいことを生徒に理解させるとともに，保護者への啓発をPTA活動等を通して行う必要がある。

ワークシート

事故の責任は誰に？

名前

(1) 書き込みカード

事故の責任は「ぼく」にある			事故の責任は「ぼく」にはない		
理　由	○×	意見や質問	理　由	○×	意見や質問
1．老婦人と衝突してけがをさせてしまったから。			1．相手の老婦人が歩道の車道側を通行していれば，突然の進路変更はなかったから。		
2．ぼくにも老婦人にも責任がある。			2．自転車通行可の歩道の車道側を通行していたのに，進路を阻まれたことが原因だから。		
3．道路交通法では歩道を自転車通行する場合はいつでも止まれる速度で走行するように定められているから。			3．突然，進路を変えてぶつかってきたのは老婦人のほうだから。		
4．「ぼく」が安全運転を心がけていれば，事故は起きなかったから。			4．ぼくの責任より老婦人の責任が重いから。		

(2) 判断・理由づけカード

事故の責任は「ぼく」にあるのか。それとも「ぼく」にはないのか。	
責任は「ぼく」にある	責任は「ぼく」にはない
そう考えた理由は？	
....	
....	
....	
....	
....	

② 千歳川放水路計画

　1981年８月，サハリン中部に発達した低気圧から南にのびる前線が北海道中部に停滞していた。これに，北上してきた台風12号の影響が加わり，すさまじい豪雨をもたらした。さらに，その約２週間後の８月23日，今度は台風15号が北海道を襲った。２度にわたる豪雨によって引き起こされた大洪水は，北海道全域で死者３名，被害家屋30,991戸という重大な被害をもたらした。特に被害が大きかったのが，千歳川の中下流部だった。この地域は，元々地形の関係から洪水が発生しやすい地域だった。

　「二度とこのような被害を繰り返してはならない。」

　北海道開発局（現在は，国土交通省の地方出先機関）は，以前から考えられていた千歳川放水路計画の本格的な検討を始め，根本的な洪水対策を進めようとした。そして，1984年，総工費4,800億円，工期20年とも言われた大計画が発表された。20世紀最大規模とされる国によるこの事業は，千歳川の中流部から幅180～280メートル，長さ約40キロメートルの大放水路を掘ろうというものである。そして，普段は石狩川と合流して日本海に注ぐ千歳川の水を，洪水時には逆方向の太平洋へ流してしまおうというのである。この方法を用いれば，1981年の豪雨と同じレベルの大雨が降ったとしても，確実に千歳川の水位を下げることができるという。

　北海道開発局は，この計画を進めるため各方面からの意見を聞くことにした。以下はその例である。

　千歳川流域のこれまで被害を受けてきた市町村と千歳川からの水が合流する石狩川河口周辺の市町村では，様々な意見はあるもののおおむね計画に賛成。なるべく早い着工を要望している。

　一方，本来来るはずのない大量の水，とりわけ大雨時の濁流を引き受けることになる苫小牧港周辺の市町村は漁業関係者を中心に計画に難色を示している。

　そして，自然環境保護団体は，想定される放水

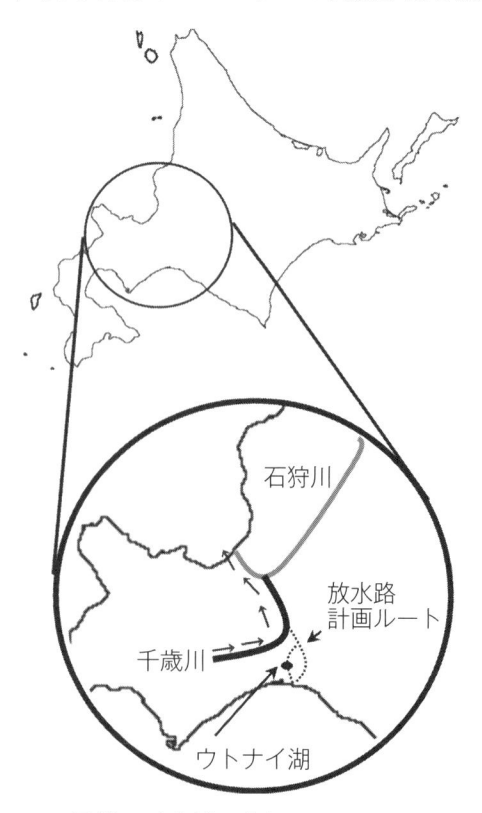

石狩川

放水路
計画ルート

千歳川

ウトナイ湖

→は通常の千歳川の流れ

路のルート上にあるウトナイ湖の自然環境^{（かんきょう）}に重大な悪影響^{（えいきょう）}が出るとして反対の立場を表明している。

> このように様々な立場がある中，北海道開発局は，千歳川^{（ちとせ）}放水路計画を進めるべきか，それとも中止するべきか。

◆放水路計画を進めるべき。
◆放水路計画を中止するべき。

（森川 智之 作）

【参考】
ラムサール条約：ラムサール条約は，湿地^{（しっち）}の保存に関する国際条約。水鳥の貴重な生活の場である湿地^{（しっち）}を守る目的で1971年に制定され，1975年に発効した。日本においては，1980年登録の北海道釧路湿^{（くしろしつ）}原^{（げん）}をはじめ全50か所が登録されている（2015年現在）。本教材に登場するウトナイ湖の登録は，1991年12月12日。

ウトナイ湖：周囲9km，面積275ha，平均水深0.6mの淡水湖^{（たんすいこ）}。湖の周辺には，原野，湿原などの豊かな自然が形成されている。動植物の宝庫，野鳥の楽園ともいわれ，現在まで250種を超える鳥類が確認されている。特にガン，カモ類やハクチョウなどの渡り鳥^{（わた）}にとっては重要な中継地^{（ちゅうけいち）}であり，マガンやハクチョウの集団渡来地^{（とらいち）}として国際的にも知られている。

【参考文献】
大谷敏三 2005 「56台風と千歳川放水路」千歳市総務部主幹 市史編さん担当編『新千歳市史』編さんだより「支古津」Web ver. 創刊号
　http://www.city.chitose.hokkaido.jp/shishi_hp/paper/sikotsu01_01.htm
環境省自然環境局 2016 「ラムサール条約と条約湿地」環境省
　http://www.env.go.jp/nature/ramsar/conv/index.html を参照。
苫小牧市役所環境衛生部環境生活課 2016 「ウトナイ湖について」苫小牧市役所Webページ
　http://www.city.tomakomai.hokkaido.jp/shizen/shizenhogo/utonaiko/
日本野鳥の会 1997 ウトナイ湖サンクチュアリWebページ 公益財団法人日本野鳥の会
　http://park15.wakwak.com/~wbsjsc/011/index.html

❶ 「千歳川放水路計画」の授業実践

(1) **主題名**「住民の生命・財産を守るために」　　**教材名**「千歳川放水路計画」

(2) **主題設定の理由（ねらい）**

　国民の生命・財産を守ることは，行政の最重要課題である。そのために必要な公共事業は進めていく必要があるが，大規模な工事を伴う場合には環境保護の視点とぶつかる場合が多い。生命・財産を守るために環境に影響を及ぼしては，結果として生命・財産を脅かすことにつながることも想定される。逆に，過剰に環境保護が優先されれば，効果的な事業を行うことが困難になる場合も考えられる。大切なことは，事は単純にはいかないことを自覚し，様々な視点からの要請を吟味し調整しようとする意思を持つことである。以上の考えから本主題を設定した。

(3) **資料について（タイプⅡ）**

　「千歳川放水路計画」は1981年に北海道を襲った大規模水害を契機として現実に存在した治水計画である。北海道開発局は，抜本的な治水対策として千歳川の水を太平洋側に誘導する大放水路を掘る計画を推進する。治水的に大きな効果が認められる一方，太平洋側住民，自治体の側からは漁業を中心とする経済的損失を懸念する声が上がる。さらに，ウトナイ湖をめぐる環境問題が叫ばれる。北海道開発局は，放水路計画を進めるべきか，中止するべきか？

(4) **学級の実態**　　（略）

(5) **価値分析表**

　コールバーグの道徳性の発達段階に照らして，予想される生徒の反応を表1に示した。

表1　価値分析表

放水路計画を進めるべき	放水路計画を中止するべき
段階1　罰回避と従順志向，他律的な道徳性	
・計画を進めないと，千歳川中下流部の人々から非難されるから。	・計画を進めると太平洋側の人々から非難されるから。
段階2　個人主義，道具的な道徳性	
・せっかく多額の予算が認められたのに，中止するのはもったいない。 ・長年の懸案に解決策をもたらすことは，北海道開発局の手柄になる。	・莫大な予算をつぎ込むのは割に合わない。 ・自然環境を優先すれば，北海道開発局の先見性が評価される。
段階3　良い子志向，対人的規範の道徳性	
・太平洋側やウトナイ湖の環境変化も考慮しなければならないが，行政機関として優先すべきは千歳川中下流部の人々の生命である。	・行政機関の行いによって，新しく不利益な状況をつくるべきではない。特に苫小牧港周辺の漁業権を軽視してはならない。
段階4　社会システムと良心の道徳性	
・公共の福祉の実現のため，何より住民の生命・財産の保障を最優先し，利害関係を調整して施策を実施するべきである。	・行政機関は自然環境の保護を優先することが住民の生存権を守ることにつながるということを十分に認識した上で施策を進めるべきである。

❷ 展開（2時間扱い及び1.5時間扱いの授業展開）

●第1次の授業（1.5時間扱いの場合は，第1次を行わず，朝自習や宿題で各自教材を読み，1回目の判断・理由づけを行う。）

配時	学習活動と主な発問	指導上の留意点
展開 45分	1. 教材「千歳川放水路計画」を読む。 2. 葛藤状況を理解する。 ○被災地となった千歳川中下流部の位置と放水路計画の概要を確かめる。 ○放水路計画に対する被災地域の人々の意見はどのようなものだったか。 ○放水路計画に対する太平洋側の人々の意見はどのようなものだったか。 ○上記2者以外の意見はあったか。	・立ち止まり読みを用いることにより，資料に描かれている状況を確実に把握させる。 ・切実感を際立たせるようにする。 ・利害関係の対立を意識させる。 ・自然保護の立場については，ここではそれほど深入りさせない。
終末 5分	3. 最初の判断を行い，その理由づけを記述する。 ◎北海道開発局は，千歳川放水路計画を進めるべきか，それとも中止するべきか。（H）	・1回目の「判断・理由づけカード」への記入を行わせる。

●第2次の授業の準備

○1回目の判断・理由づけカードの内容を整理し，第2次で用いる書き込みカードを作成する。
○書き込みカードの「理由」部分を拡大したものを黒板掲示用に作成する。
○1回目の判断・理由づけから，論点になりそうな部分を予想し，発問を準備する。

●第2次の授業

配時	学習活動と主な発問	指導上の留意点
導入 前半 5分	葛藤状況把握の再確認をし，道徳的葛藤の明確化を行う。 ○北海道開発局は，どのような問題を抱えていましたか。 ○問題化した理由として，どのようなことが考えられますか。	・葛藤状況を確認させる。 ・前時のワークシートへの記入内容を確認させる。
導入 後半 10分	学級全員の理由づけを分類した「書き込みカード」に自分の意見を書き込むことにより，自分とは違う他者の考えに気づく。 ○賛成・反対（○×）意見をカードに書きましょう。	・「書き込みカード」に自分の意見を書き込むことで討論への準備を行わせる。 ・発言が苦手な生徒の意見表明の場とする。
展開 前半 15分	様々な理由づけに対して相互に意見を述べ合い，論点を明らかにしていく。 ○賛成・反対意見を自由に言おう。	・書き込みカードの「理由」の部分を拡大して黒板に掲示する。 ・意見が散らばらないように，同じ部分についての意見を発表させる等，進め方を工夫する。 ・教師は対立点がわかるように生徒の意見を板書する。
展開	論点を絞り，さらに意見を出し合う中で，自分の考	・役割取得を促す発問（Y），結果を類

後半 15分	えを確かなものにしていく。 ○もし，放水路計画を中止した場合，どのような結果が生じるだろうか。（K） ○もし，放水路計画を中止した場合，計画に反対した人々はただ喜ぶだけだろうか。（Y） ○もし，計画通り実施し，環境に影響が出た場合，計画に賛成した人々は，どう思うだろうか。（Y） ○行政機関は，様々な意見がある場合，どのようなことに一番重きを置いて施策を進めるべきか。（N） ○環境を犠牲にしても治水を進めるべきか。（N） ○漁業者に影響が出るとしても治水を優先するべきか。（N）	推する発問（K），認知的不均衡を促す発問（N）でディスカッションを方向づけ，生徒の思考を深める。 ・左記の発問をすべて用いるのではなく，ディスカッションの流れに応じて適宜用いる。
終末 5分	道徳的葛藤の場面でどうすべきかを再度判断し，自分の最も納得する理由づけを行う。 ◎北海道開発局はどうするべきだろう。（H）	・2回目の「判断・理由づけカード」への記入を行う。 ・板書を参考に，納得できる意見を取り入れるよう指示する。

第2次の板書計画

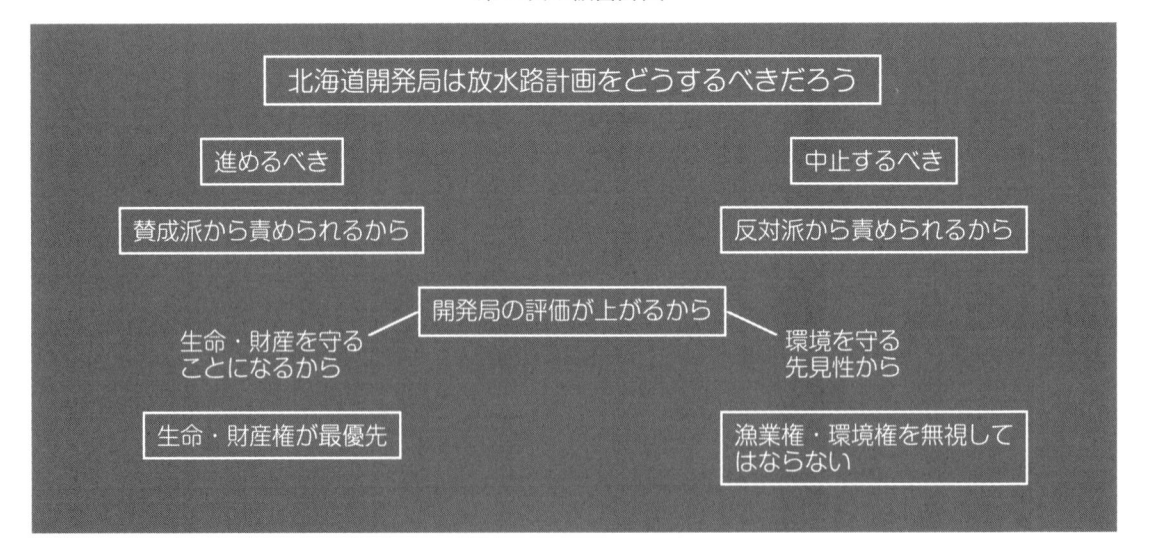

❸ 授業を行う上での留意点

　本教材では，生命・財産に関する権利と，漁業権や環境権が対立する構図となっている。単純に捉えれば，「生命は何事にも代えがたい」論で終わってしまう。そうならないように，漁業権（経済活動＝生きる術），環境保護（生存の前提）という価値を十分に検討させたい。また，放水路計画以外の治水方法をとればよいとの考えが出てくることも予想される。この場合，具体的な方法を提起できる生徒がいれば意見を提示させてもよいが，そうでなければ教材の構図の中で突き詰めて考えさせたい。要は，いずれの立場をとるにしても，他方の立場を尊重しつつぎりぎりの判断が必要であることを体感させることを大切にしたい。

ワークシート

千歳川放水路計画
（ちとせ）

名前

年　組　番

(1) 書き込みカード

放水路計画を進めるべき			放水路計画を中止するべき		
理　由	○×	意見や質問	理　由	○×	意見や質問
1．賛成派から責められるから。			1．反対派から責められるから。		
2．生命・財産を守ったとして，開発局の手柄（てがら）になるから。			2．環境（かんきょう）を優先したその先見性から開発局の評価が高まるから。		
3．何よりも住民の生命が最優先されるべき。			3．行政機関の行いによって，住民の権利（漁業権など）がおどかされてはならない。		

(2) 判断・理由づけカード

放水路計画を進めるべき	放水路計画を中止するべき
そう考えた理由は？	

③ 家族の絆

「明の血液型がＢ型と出ているんだけど……。」

「うん？　何かの間違いじゃないのか。」

「ええ，そうねぇ。」

　そうは言ったものの，母・浩子の不安はくすぶったままであった。父の拓はＡ型，浩子はＯ型である。息子の血液型としては，Ａ型かＯ型しか考えられない。検査上の手違いがあったという可能性も少ない。それに，明の顔の輪郭や姿形は両親と似ても似つかず，度々，近所の人から「どっちに似ているのか，わからんねぇ。」と言われてきたことが脳裏をよぎる。

　後日，改めて血液検査をするも，やはり同様の結果が……。拓も浩子も，随分，頭が混乱し心が乱れて，冷静になるのに数時間を要するほどであった。

　「とにかく，明日，出産した病院に問い合わせてくれないか。」という絞り出すような拓の言葉に，浩子は，「そうねぇ。」と，暗澹たる思いの中，ため息交じりに答える他なかった。

　病院にカルテの照合を要請した結果，１日違いで生まれた別の家庭の男児と入れ替わっていることが判明した。８年前の当時は，まだネームバンドを付けていない施設も珍しくなく，付けていても粗悪なバンドが赤ちゃんの皮膚をただれさせるため，沐浴の度に外していた。しかも，一度に２人の赤ちゃんを沐浴させ，１つのベッドに何人も寝かせるということを平気でしていた時代であったため，生後すぐの段階で取り違えられたというのである。

　病院側の責任は重大であり深刻であるが，しかし，それを追及するだけでは，現状の打開にはつながらない。そこで，病院の仲介の下，赤ちゃんが入れ替わった相手方の家族と面会することにした。無論，まだ子どもに真実は伝えていない。

　拓と浩子は，「智」と呼ばれる本当の我が子を初めて見た瞬間，思わず顔を見合わせ，「やっぱり似ているな。」「うん。」と短い言葉を小さな声で交わした。確かにこの子が自分の子なのだと実感する。

　このような場合，前例に倣えば迷うことなく交換すべきである。しかし，それらはもっと幼い時期に判明した場合であって，今回とは状況が異なる。「生みの親」と「育ての親」のいずれが子どもの成長に重要なのか。これからどうすべきなのか。２つの家族の話し合いが始まった。

　親戚筋は，拓や浩子が８年間注ぎ込んだ無償の愛を実感として味わっていないためか，情より血のつながりを優先する意見に偏りがちであった。病院側は，交換するならできるだけ早いほうがよいだろう，という。また，赤ちゃん取り違えに巻き込まれた他の家族に直接話を聞かせてもらったところ，「案外，子どもは短時間で慣れます。」とのことであった。

　しかし，拓も浩子も「親子が共同作業で幸福を追い求めてきた８年間は何だったのだろうか。人格の形成には連続性と一貫性が必要なはずで，これまでに培った人格は，もはや容易く変え

られるものではない。ややもすると屈折した親子関係になりかねず，これから受ける精神的苦痛は計り知れない。」と考えずにはいられなかった。

　1回4〜5時間をかけての両家の会議は，頻繁に繰り返された。会議室は，胸がはり裂けるような双方の想いと切実な願いが凝縮され，笑顔一つない緊迫感で充ち満ちていた。最初の会議から1か月が過ぎ，ようやく「9か月後の小3進級時に交換する」との結論に辿り着いた。

　両家族は協力し，日曜・休日ごとに，公園や遊園地，動物園などへ出かけ，互いに馴染んでくれるよう努めた。子どもたちのはしゃぎ喜ぶ姿と天にも届くような明るい笑い声に，胸をかきむしられる苦悩と寂しさ，そして僅かな安堵が何層にも折り重なった。そして，相手側の親を見て湧き出てくる深い葛藤を，作り笑いで誤魔化す自分に嫌気がさすのであった。同時に，子どもに真実を伝える日が迫っていることもひしひしと感じるのである。

　事実を伝えた9月，明は頑なにそれを拒んだ。一日中，口をきかなかった。そして，しくしくと泣き続けた。それからの日々というもの，元気がなく笑わなくなった。一方，浩子のほうも，不眠症・虚脱感・悲壮感から体重が激減し衰弱した。それを支える拓も，精神をすり減らした。「お母ちゃん，あと何回一緒に寝られるの？」という明の悲痛な心の叫びを毎晩なだめすかしながら，しっかり手を握って寝かしつけた。拓も浩子も，それまで明の寝顔を可愛いと思ってきたが，ここにきて，もの淋しいものだと痛感するようになっていた。

　家族一緒の最後のクリスマス，最後のお正月，最後の誕生日会が足早に過ぎ去って行く。例年になく豪華なものにしたが，空騒ぎの奥底で，深い悲しみと寂しさが激しく渦巻いていた。

　3月末になった。この8年間に撮りためていたスナップ写真の整理も済み，焼き増しして同じアルバムを2冊用意した。その1冊を手に取り，楽しげな家族写真をめくっていると，涙が止めどなく溢れ出る。「あと何回一緒に……」という明のしょんぼりした言葉を，寝る時だけでなく，あらゆる場面で耳にするようにもなった。胸が締め付けられる。

　そんなタイミングで，相手の家族側から電話があった。「もうこのまま交換しないでおきませんか。」との申し出であった。葛藤の中身は，両家族ともに想像を絶するものであったろう。9年近く家族として苦楽をともにしながら，今更他人の子だと言われても手放せないのが人情である。しかし一方で，自分のお腹を痛めた子どもが眼前にいる。どちらを選んでも残酷で険しい道のりが待ち構えている。決断の時は，刻一刻と迫っている。

> この赤ちゃん取り違えの事実に対して，やはり交換して本当の我が子を育てるべきだろうか。それとも，交換せずに今まで育ててきた子を育てるべきだろうか。またその理由は何か。

◆交換して本当の我が子を育てるべき。
◆交換せずに今まで育ててきた子を育てるべき。

（荊木 聡 作）

❶ 「家族の絆」の授業実践

(1) **主題名**「家族の紐帯としての “血と情”」　**教材名**「家族の絆」

(2) **主題設定の理由（ねらい）**

　家族の苦悩と葛藤への共感と慮り，多様な立場に対する悟性的な比較対照を踏まえて，家族の団結・紐帯に関わる判断・理由づけを行い，より良い家庭を築くための道徳的判断力を養う。

(3) **教材について（タイプⅠ）**

　およそ愛とは，深刻な危機に直面した時にこそ，その真価が試されるものである。本教材では，その究極ともいえる状況，すなわち “血” を分けた親子関係と，数年間にわたって愛情を注ぎ込んで育てた “情” に基づく人間関係との間で，厳しい選択を迫られるという場面を描いている。家族としての固い絆・紐帯は，“血” と “情” の両面に存するのが通常であるが，あえてそのいずれかを選ばねばならない時，私たちは何を根拠に選択・判断し行動するであろうか。そして，その選択は正当化され得るのであろうか。あるいはまた，自分自身を誤魔化し欺き続けるということができるのであろうか。このような思索を通して，家族の苦悩と葛藤に共感しながら，家族の決断の行く末を見通した判断と理由づけを喚起したいものである。

(4) **学級の実態**　（略）

(5) **価値分析表**

　コールバーグの道徳性の発達段階に照らして，予想される生徒の反応を表1に示した。

表1　価値分析表

交換して我が子を育てるべき	交換せず他人の子を育てるべき
段階1　罰回避と従順志向，他律的な道徳性	
・病院や前例に従う。	・前例は幼い子の場合であり，参考にならない。
段階2　個人主義・道具的な道徳性	
・将来，親類や世間に知られた時，身勝手と非難されるのが怖い。 ・他人の子と知った以上，愛情を注げない。	・交換すると親類や世間に知られ，体裁が悪い。 ・今まで育ててきた子を手放すのが辛い。
段階3　良い子志向，対人的規範の道徳性	
・産んだ子が辛い思いをする。 ・産んだ子も実の親子で暮らすことを望むだろう。 ・実の親に育ててほしかったと後悔するだろう。	・育てた子が辛い思いをする。 ・育てた子も実の親子で暮らすのを望むだろう。 ・子も慣れた家庭環境で生活したいと考えている。
段階4　社会システムと良心の道徳性	
・法的に親権は，相手の両親にある。 ・親には血を分けた子を育てる義務がある。 ・嘘偽りのない本当の夢や希望の実現のため，人間としての尊厳や意気地にかけて育てていくべきであり，あるべき姿を追求する本当の親子を支援できる社会であるべきである。	・人格形成の安定性を重視して，現状維持。 ・子育ての半分近くを迎えた今となっては，親は血のつながり以上に，子と情を通わせ合って育てていくことが重要である。 ・親子の幸福追求のため，愛情に溢れた中で成長していくことが重要であり，また人格的尊厳を護る観点からも交換しない。

❷ 展開（2時間扱いの授業展開）

●第1次の授業

配時	学習活動と主な発問	指導上の留意点
導入 5分	1．平成25年の記事「60年前に新生児を取り違えた産院に，経済的に困窮した家庭で育った男性へ3800万円の賠償命令」を紹介。	※以下を簡単に触れて問題提起。 ・裕福なほうで育った男性について ・賠償金額について
展開 40分	2．教材「家族の絆」を範読する。 3．葛藤状況を通して考える。 ○8年間育てた息子と血がつながっていないと知った拓や浩子の気持ちは，どのようなものか。 ○「確かにこの子が自分の子なのだ」と実感した時に，どのようなことを考えただろうか。 ○「あと何回一緒に……」という明に，どのような言葉を返すことができるだろうか。	・怒り，悲しみ，落胆，絶望，等の様々な負の感情を押さえておきたい。 ・智に対する思いだけでなく，明への思いも大切に扱いたい。 ・場合によっては，相手の家族の立場から考えさせることもできる。
終末 5分	4．最初の判断を行い，その理由づけを考える。 ◎交換して本当の我が子を育てるべきか。それとも，交換せずに他人の子を育てるべきか。	・1回目の「判断・理由づけカード」へ記入させ，回収する。

●第2次の授業

配時	学習活動と主な発問	指導上の留意点
導入 5分	1．前時を振り返り，葛藤の状況を明確化する。 ○拓と浩子の悩みと考えたことは何だったか。	・前時のワークシートを返却し，自分の判断・理由づけを再確認させる。
展開 前半 20分	2．1回目の「判断・理由づけカード」を整理して作成した「書き込みカード」に自分の賛成・反対（○×）意見を書く。 ○賛成や反対の立場からカードに意見を書こう。 3．相互に意見交流し，論点を明らかにしていく。 ○意見や質問を自由に述べ合おう。	・自分とは異なる他者の多種多様な考えに気づかせる。 ・質問や反問を書いてもよい。 ・「書き込みカード」を拡大し掲示する。 ・対立点が明確になる板書を心がける。
展開 後半 20分	4．論点を絞り込み，さらに議論を進める中で，自分の考えを深め広げていく。 A：それぞれの判断から生じる長所・短所は何か。 B：家族における「血」や「情」の意味・意義は？ C：親が子に負うべき最も重要なことは何か。	・役割取得を促す発問，結果を類推する発問，認知的不均衡をもたらす発問，等でディスカッションを方向づける。 ・左記の発問は例示である。実際には，議論の流れに沿った発問を投げかけたい。
終末 5分	5．最後の判断を行い，その理由づけを考える。 ◎息子を交換すべきか，すべきでないか。	・2回目の「判断・理由づけカード」へ記入させ，回収する。

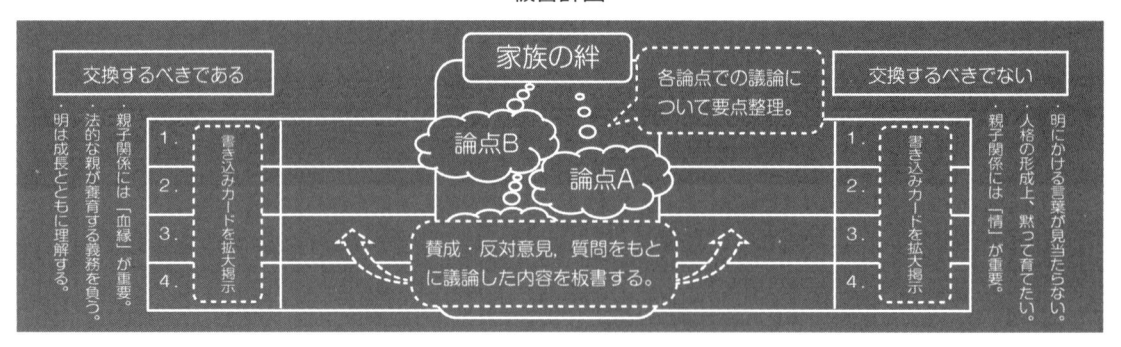

❸ 授業を行う上での留意点

⑴ 発問づくりの視座

　第２次では，定義に迫る「家族の愛情とはどういうものか。」「具体例を挙げて説明しよう。」といった発問で共通の土俵に乗せて議論を噛み合わせたり，そこを起点に，役割取得を促す「もし，○○したら，"明"・"智"・"相手の両親"は，どう思うだろうか。」という発問で様々な登場人物の立場から視野を広げていったりすることができる。

　また，場合によっては，より高い段階の反応を生む糸口として，「どんな場合でも，その判断は変わらないものなのか。」という発問を投げかけ，第１次の導入で示した新聞記事のように，両家庭の経済状況に大きな開きがあったり，その結果，習い事の有無や食べ物・娯楽・読書等の好みにまで影響したりして，人格や才能が伸びていく方向性に著しい違いが生じているといった場面も想定しながら，より一般的に通じる普遍的な理由づけを見いださせたいものである。

⑵ モラレルジレンマ授業の基軸

　「聴く力」を磨く技術的視点としては，「比べて聴く」「分けて聴く」「まとめて聴く」ということをあげておきたい。また，経験談・体験談を想起しながら聴いたり，級友の接続詞，形容詞，副詞に注意して聴いたりすることも意識させたい。

　一方，「話す力」を練り鍛える視点としては，「自分の考えと友達の考えの異同について述べる」「判断結果を述べて，その後に理由・根拠を述べる」「理由を述べて，最後に判断結果をまとめる」「判断は同じだが，理由・根拠が異なることを述べる」「理由や根拠はほぼ同じだが，結論は異なることを述べる」「理由や根拠の数を明示して，順に述べる」「具体的事例や体験談をあげて，意見を述べる」「出てきた意見を整理して，自分の考えを述べる」「友だちの意見を認めた上で，自分の考えを述べる」等，話し方のレパートリーを豊かにすることを考えたい。

【本教材作成上の参考文献・資料】
①：奥野修司　1995　『ねじれた絆　赤ちゃん取り違え事件の十七年』新潮社
②：邦画『そして父になる』　2013　監督：是枝裕和，出演：福山雅治，尾野真千子，他

ワークシート

家族の絆(きずな)

名前 | 年　組　番

(1) 書き込みカード

交換して本当の我が子を育てるべき			交換せずに今まで育ててきた子を育てるべき		
理　由	○×	意見や質問	理　由	○×	意見や質問
1．病院や前例に従う。			1．前例は幼い子の場合で，参考にならない。		
2．他人の子と知った以上は，愛情を注ぐことはできないし，親類や世間から身勝手と非難されるのも困る。			2．今まで育ててきた子を手放すのは辛く，また，交換すると親類や世間に知られ，体裁も悪い。		
3．産んだ子が，実の親に育ててほしかったと後悔し，辛い思いをする。			3．育てた子は，慣れた家庭環境で生活したいと考えており，辛い思いをさせたくない。		
4．法的に親権は，相手の両親にあり，親は血を分けた子を育てる義務を負う。			4．人格形成の安定性を重視する観点から，親は血のつながり以上に，情を通わせ合って育てるべき。		

(2) 判断・理由づけカード

交換して本当の我が子を育てるべき	交換せずに今まで育ててきた子を育てるべき
そう考えた理由は？	

④ メル友って、本当の友だち？

　中学2年生の順子と道子は、LINE を使ったメールのやりとりをしていた。当初は、2人とも母親のスマホを借りて、たわいもないやりとりをしていた。そのうち、親に知られたくない内容のやりとりをしたくなって、母親のスマホに自分の ID を設定して、通信するようになった。

　そうこうしていると、順子は自分だけのスマホが欲しくなり、おねだりをして誕生日のプレゼントで買ってもらった。順子がスマホを買ってもらったことを道子に自慢すると、道子は「学習アプリで勉強したい」からとクリスマスプレゼントの名目でタブレットを手に入れた。

　家庭に設置してある Wi-Fi ルータを経由してインターネット通信を行うため、別途通信料がかからないことをいいことに、自宅にいるときは四六時中、インターネットを利用するようになった。

　こうなると、2人のやりとりに制約がなくなり、そのうちに、先生や友だちの悪口を書き込むようになった。はじめは2人だけのやりとりだったが、その後、クラスの女子が1人、2人と参加するようになり、グループメールを送るようになった。

　それからしばらくして、LINE を使ったいじめが始まった。ターゲットになったのは、携帯端末を使用していない知美だった。知美と真衣は仲良しだったが、真衣がスマホ仲間に入ったことで、知美は孤立するようになっていた。

　順子は、メールの話をしても乗ってこない知美に対して、
「知美が私をシカトした。」
と LINE の掲示板に書き込みをした。すると、グループのみんなが一斉に知美の悪口を書き込むようになった。そして、みんながそれを読んで、知美の顔を見ては笑うということがいじめの始まりだった。

　知美は周りが自分のことを笑っていることに気づいたが、それが何なのかはわからず、憂鬱な日々が続いていた。

そのうち，知美の小さい頃の写真にいたずら書きされた画像がアップされたり，服を着替えている様子を盗撮した画像までがアップされた。その画像データが，グループ以外にも転送されるという事態になった。

　その画像を見たある男子生徒が，

「知美！　おまえの子どもの頃の写真がアップされてるぞ！」

と，わざとからかうように見せたものだから，知美は愕然となった。

　知美は翌日から学校を休むようになった。

　はじめは，知美のいじめに荷担していた真衣であったが，あまりに悪質ないじめにたまりかねて，両親にこの事態を相談した。真衣の父親は，すぐに警察に相談しようと言い出したが，母親は真衣がいじめられることを心配して，警察に相談することには反対した。

　過去に，いじめにあって担任に相談した時，事態が一層悪化した経験を持つ真衣親子は，担任に相談するのをためらった。

　今，真衣の手の中には，「いじめ電話相談カード」が握られていた。いじめを受けたり，いじめを見たり聞いたりした時に，近くの相談機関に電話相談するようにともらったものだった。

> 真衣は電話相談をすべきか。それともすべきではないか。それはなぜか？

◆真衣は電話相談をすべき

◆真衣は電話相談をすべきではない。

（野口　裕展　作）

❶ 「メル友って，本当の友だち？」の授業実践

(1) **主題名** 「本当の友達について考えよう」 　**教材名**「メル友って，本当の友だち？」

(2) **主題設定の理由（ねらい）**

　スマホやタブレットを使ったメールやSNSによるいじめは，増加の一途をたどり，有効な防止手段が見いだせていない。ICTの進歩は，今後ますます，事態を悪化させる恐れすらある。しかしながら，ICT機器そのものに原因があるのではなく，人間の心の暗部を刺激するかのごとき誤った扱い方に原因がある。そのことを，これまでの学校生活を通じて体験してきた仲間外しやいじめと関連づけて生徒たちに考えさせることをねらいとして本主題を設定した。

(3) **教材について（タイプⅡ）**

　小学校高学年から急速に親密化し，グループ化するこの時期，仲間意識や内輪意識が高まるとともに，排除の意識も高まる。対面によらないコミュニケーションは，相手の表情や言動から感情が読み取れないことにより，誤解や思い込みが増幅するという問題も持っている。

　このような事態が日常化している子どもたちの現実生活において，有効な解決方法を求め，豊かな人間関係を築く学びの機会としてこの教材を開発した。

(4) **学級の実態**

　教材と同様な経験は，決して多くはないかもしれないが，どのクラスでも似たようなことはある。それらの体験を授業に生かして，現実的ジレンマとして考えさせたい。

(5) **価値分析表**

　コールバーグの道徳性の発達段階に照らして，予想される生徒の反応を表1に示した。

表1　価値分析表

電話相談に電話すべき	電話相談に電話すべきではない
段階1　罰回避と従順志向，他律的な道徳性	
・お父さんに警察に相談しなさいと言われた。	・お母さんに警察に相談するなと言われた。関わりになりたくない。
段階2　個人主義・道具的な道徳性	
・友だちならば電話して解決してもらうのは当然のこと。	・電話相談をしたら，誰かがチクッたと疑われ，最悪，自分が相談したことがばれて，今度は自分がいじめられるから。
段階3　良い子志向，対人的規範の道徳性	
・仲良しだったし，これからも仲良しでいるためにはいじめを止めさせる有効な方法だから。秘密は守られるとカードに書いてあるから。	・他人に頼るのではなく，知美を直接励まして担任の先生以外の先生に相談して問題の解決に当たるべきだ。
段階4　社会システムと良心の道徳性	
・個人的な努力では事態を好転させるのは難しいのであれば，関係機関に相談し，組織的に取り組む必要があるから。	・相談機関に相談すると，事が大事になり，関わった友だちの関係が修復できなくなる。関係する親に対応を相談したほうがよい。

❷ 展開（2時間扱いの授業展開）

●第1次の授業（1.5時間扱いの場合，朝自習等で教材読みと1回目の判断・理由づけのみを行う。）

配時	学習活動と主な発問	指導上の留意点
展開前半 10分 〜 25分	1．主題名を読み，友情について考えることを知った後，資料を読み，ジレンマの状況を把握する。	・主題名のみを板書しておく。
	2．ジレンマの状況を正確につかみ，誰が何を為すべきか（当為）について考える。 ○登場人物（中心人物）の確認を行う。 ・真衣，知美，順子，道子，真衣の両親 ○真衣の当為（まさに為すべきこと）を明確にする。 ・真衣は，誰かに相談すべきかどうか。 ・相談するとすれば，誰に相談するか。 ◎真衣は誰かに相談すべきか。それとも，相談すべきではないか。相談するとすれば誰にするか。	・ジレンマの状況把握に誤解が生じないよう，状況確認をしっかりすること。 ・真衣が電話相談カードを見ている設定であるが，その他の相談相手を支持する意見が多い場合は，そちらを取り上げる。 ・当為に関する食い違いが生じないように，板書すること。
展開後半 10分 〜 25分	3．第1回の判断・理由づけを行う。 ・カード記入前に，およその判断傾向を把握する。 ◎真衣は，いじめについて電話相談をすべきか。それとも，すべきではないか。それはなぜか。	・「判断・理由づけカード」に記入するが，ICT を活用して記録することができると第2次の利用が簡単になる。 ・挙手によっておよその判断傾向を把握すると，学習者の意欲も高まる。

●第2次の授業の準備

○1回目の判断・理由づけカードを集計し，判断の対立点と争点を洗い出しておく。
○いじめにあった経験とスマホ等の実態調査，いじめ防止法の要点調べを済ませておく。

●第2次の授業

配時	学習活動と主な発問	指導上の留意点
導入 10分	1．ジレンマの状況を再度確認し，判断の状況を知る。 〈電話相談すべき〉＝○人 〈電話相談をすべきではない〉＝○人	・判断の状況は板書または掲示する。 ・電話相談＝他の相手になっている場合もあり得る。
	2．判断の根拠となっている理由を知る。 〈電話相談をすべき〉 ・友だちならばどうにかして助けてあげたいから。 ・真衣が学級の中でいじめを告発できないから。 ・担任に相談しても解決できないと思うから。 ・秘密は守られるとカードに書いてあるから。 〈電話相談をすべきではない〉 ・関わりになりたくないから。自分がいじめられる。 ・真衣が電話したことがみんなに知れるから。 ・担任以外の先生に相談して解決すればよい。 ・真衣自身が学級の中で告発すべき。	・キーワードをそれぞれの判断毎に短冊等で示す。（ICT 使用可） ・同じキーワードが両方に現れた場合は，そのことをしっかり押さえる。 ・名前カード等を利用したい。 ・判断を留保している場合，名前を中間に貼らせる。
展開	3．黒板に示された判断・理由づけに対して，「書	・机間指導をしながら座席シートに簡単

前半 15分	き込みカード」に賛成・反対（○×）意見や質問を書き，発表する。 ○ペア（グループ）討論 ○争点の洗い出し ・今後，真衣と知美の人間関係はどうなるか。 ・電話相談をして適切に対応してくれるのか。 ・なぜいじめの告発をためらうのか。 ・この状況に対して適切な対応とは。	な記録を取ると，意図的指名ができる。 ・ペア（グループ）討論の時間は短時間で済ませる。 ・ホワイトボード（タブレット）等に書き出させることも有効。
展開 後半 20分	4．争点について話し合いを深める。 ○本当の友だちならば何をすべきか。（Y） ○真衣はいじめをどのように訴えるか。（YN） ○担任はどのような役割を果たすべきか。（Y） ○学校は組織的な対応ができるのか。（K） ○関係機関はうまく連携できるのか。（K） 5．「いじめ防止法」について概要を知る。	・役割取得を促す発問（Y），結果を類推する発問（K），認知的不均衡を促す発問（N）でディスカッションを方向づけ，生徒の思考を深める。 ・展開前段で中心的な争点とつながる視点を主として取り上げる。 ・いじめ防止法は，子どもにいかなる義務も負わせていないこと。
終末 5分	6．2回目の判断・理由づけを行う。 ◎真衣は，いじめについて電話相談をすべきか。それとも，すべきではないか。それはなぜか。	・判断が変わった生徒は名札を移動し，なぜ判断が変わったのかを確認する。 ・相談相手が変わっている場合，柔軟に対応したい。

板書計画

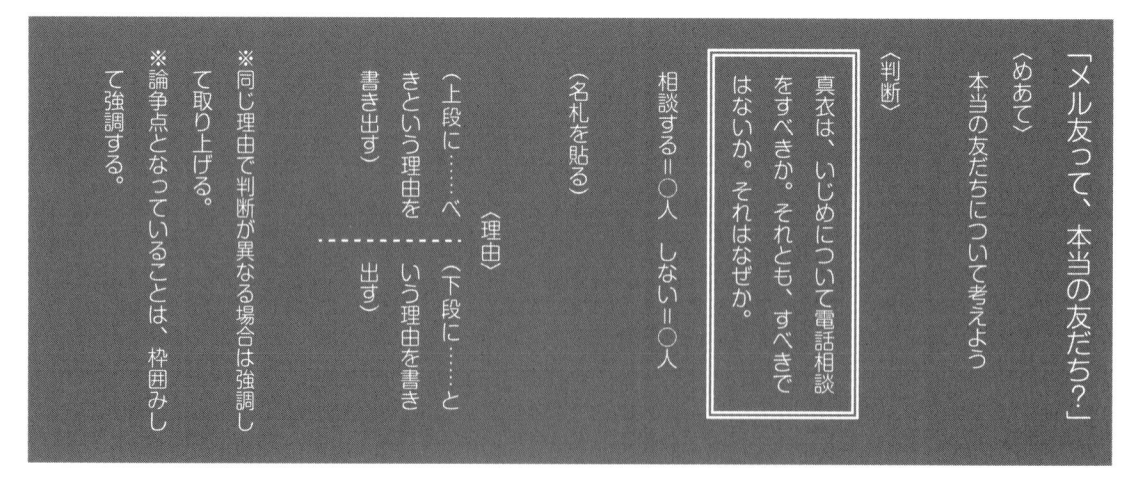

❸ 授業を行う上での留意点

　この問題も生徒にとって身近な問題となっている現実的ジレンマである。

　いじめ防止法は，いじめの当事者となっている子どもに通報等の義務を負わせていない。それを察知し，対策を取ることを周りの大人や行政機関，教育機関，福祉関係等に求めている。

　しかし，子どもの自浄能力が高まらないと，いじめ撲滅には程遠いのではなかろうか。そのことを考えさせ，行動化への意欲づけを図ることを意識して，授業実践に取り組んでいただきたい。

ワークシート

メル友って, 本当の友だち?

名前

年　組　番

(1)　書き込みカード

真衣は電話相談をすべき			真衣は電話相談をすべきではない		
理　由	○×	意見や質問	理　由	○×	意見や質問
1. 以前いじめを受けた時, 担任の先生に相談しても解決できなかったから。			1. 真衣自身が学級でいじめを告発すべきである。		
2. 本当の友だちなら何らかの手立てを取っていじめをやめさせる必要があるから。			2. 自分たちの問題は自分たちで解決すべきであるから。		
3. 父親は警察に相談するよう言っているので, いずれかの相談機関に相談したほうが解決する。			3. 担任以外の先生にも協力してもらって解決すればよい。		
4. 法律でいじめは禁止されていて, 通報しなければならないから。			4. 自分がチクッたとばれるのが怖いから。順子たちからいじめられるから。		

(2)　判断・理由づけカード

真衣は, いじめについて電話相談をすべきか。それとも, すべきではないか。	
真衣は電話相談をすべき	真衣は電話相談をすべきではない
そう考えた理由は?	

⑤　母の信念

対　象
中学校1〜2年生
内容項目
D−(19) 生命の尊さ　　　B−(6) 思いやり
C−(14) 家族愛

　母は，家族一の早起きでした。朝起きるとまずお仏壇の水を入れ替え，玄関の掃除をし，朝ご飯の支度に取りかかります。寒く暗い冬の朝も，真夏の寝苦しい夜が明けた朝も，そしてのんびりできる休日の朝も，日課に変わりはありませんでした。ぼくたち家族は，そんな母の仕事をする音に目が覚めて，一日をスタートさせるのです。毎日が決まり切った始まりなのですが，そのおかげでぼくたちの生活リズムは乱れることもなく，父も弟もそしてぼくも大きな病気にもかからずに，また，知らず知らずのうちに仕事や勉強の成果を得ていたのだと思います。

　母はきれい好きでもありました。ぼくたちが仕事や学校へ行ったあと，毎日欠かさず掃除をしてくれていました。小さな家でしたがどの部屋もほこりひとつ落ちていることがなく，隅々まで掃除を行き届かせるには，毎日相当の仕事量だったにちがいありません。洗濯物はいつもぱりっと仕上がり，男物のワイシャツには1本のしわも見つけることができませんでした。「そで口やえり首まわりは汚れがしつこいから，洗濯機では落ちないの。手洗いが一番よ。」というのが母の口癖であり，信念でもあったように思います。

　ぼくたちが疲れて帰宅すると，おいしい夕ご飯が食卓に並びます。決してぜいたくをしているわけではなく，ありふれた食材ですが味付けが抜群で，いつ食べてもおいしく食べ飽きるということがありませんでした。ぼくが小学生の時，遠足の弁当のおかずを友だちと交換したのがきっかけで，ぼくの母の料理の腕がクラス中に広まったぐらいです。

　「食べ物は体を作る基本だから，新鮮でいいものを使うのよ。決してけちってはだめ。」

　これも母の口癖であり，信念でした。

　そんな母から，自分の若いころは苦労の連続だったとよく聞かされました。太平洋戦争が終わる直前に自身の父（つまりぼくの祖父）を亡くしました。祖父は事業をしていたので戦争に行くことはなかったのですが，仕事熱心なあまり常日頃から不規則な生活であったそうです。そんな生活がたたったのか，ガンのために亡くなりました。体の不調を訴えてからあっという間に亡くなったとのことです。ガンであることはぼくの母や祖母には伝わったのですが，祖父本人は何も知らぬまま，そして痛みと闘いながら絶命しました。祖父が亡くなった後は，祖母と母2人きりの生活になり，生活はどんどん苦しくなっていったそうです。

　祖父が亡くなって数十年，今の生活を思うと戦後すぐの苦しかったことが嘘のようで，

　「私も死にものぐるいでがんばったから……。人間死ぬ気になれば何でもできるものよ。でも体が一番大事だから，あんたたちにはしっかり食べて，規則正しい生活をしてほしいのよ。」と，よく言ってくれました。さらに，

「もしも私がガンになったら，隠さずに正直に言ってほしいわ。お願いね。ガンぐらい，私の根性でけちらしてみせるから。」は，医者知らずの元気な母の口癖であり，信念でした。

　その後，ぼくは結婚しましたが，両親とはそれからも同居し続けました。

　母が70歳を超えたある日，いつもどおり多くの食材や日用品を買って母が帰宅しました。暑い日でもないのに，顔は汗でびっしょりです。それに加えて，普段は見せない疲労感が全身からあふれています。時折，眉間にしわを寄せ，歯を食いしばるような表情を見せます。明らかにいつもの母とは違います。ぼくは思わず母に尋ねました。

　「どうしたの。どこか具合が悪いの？」

　「ひと月ぐらい前から腰が痛くって……。湿布貼ったりして我慢してたけど，一向によくならないの。ずっと黙ってたけど，特に今日はひどくって……。」

　母の弱音を初めて聞きました。ただ事ではないなと思ったので，父にも，弟夫婦にもそのことを伝え，総合病院での診察を決めました。受診する日，母を車に乗せて病院へ向かっていると，母が急に苦しみ出しました。苦痛に顔をゆがめながら，「腰が痛い……」と絞り出すようにいいます。たまらず車を路肩に止め，救急車を呼びました。即日入院となり，精密検査です。

　母はガンにかかっていました。乳ガンが腰骨に転移していて，激しい腰痛はガンが進行したことによる骨折が原因とわかりました。さらに検査を受けた結果，骨への転移はほぼ全身に及ぶとのことでした。主治医の話では，

・発見が遅く，ガンがほぼ全身に転移している。このままだと余命は1ヶ月足らずだろう。
・抗ガン剤の治療を行うことによって，ある程度ガンの進行を抑えることができるが，それでも余命3ヶ月から長くて半年と考えられる。
・抗ガン剤治療を行うと，激しい吐き気や幻覚など副作用は覚悟せねばならない。また，抗ガン剤が投与されていることを本人が理解せねばならない。つまりガンの告知が必要である。
・小康状態なら一時帰宅でき，また，本人の生きようという意志が余命を伸ばすことがある。
・ガンの進行によって生じる痛みは，麻酔等の技術によって相当軽減できる。しかし多くの場合意識がなくなるので，家族との意思の疎通は非常に困難になる。

ということでした。

> ぼくたちは，母に「あなたはガンにかかっている。」と告げるべきでしょうか。それとも，告げるべきではないでしょうか。

◆家族は母にガンを告知すべき。
◆家族は母にガンを告知すべきでない。

（廣瀬 明浩 作）

❶ 「母の信念」の授業実践

(1) **主題名**「人間の尊厳への配慮」　　**教材名**「母の信念」

(2) **ねらい**

　母の生き方と家族の苦悩とを重ね合わせて，人間の尊厳を如何に担保するかに関わる判断・理由づけを行い，かけがえのない大切な人に寄り添うための道徳的判断力を養う。

(3) **教材について（タイプⅡ）**

　ぼくの母は，家族いちばんの働きものである。単に勤勉であるということだけでなく，いつもぼくたち家族の健康を気遣い，衣食住の生活環境を最良に整え保つことが，家族皆の幸福につながると考えていた。決して義務感から働くのではなく，家族への深い愛が母の行動の裏付けであった。そんな母も若い頃に自身の父親と死別し，戦後の混乱期に相当な苦労をしてきた過去があった。彼女の父親はガンで亡くなったが，それは熱心に仕事をするあまり生活が不規則になり，不摂生を積み重ねたことが原因であると母は信じている。母は，もしも自分がガンにかかったらいち早く告知を受け，強い気持ちで病と闘い，ガンを克服したいと決心していた。そんなある日，母は家族に自分の体調不良を悟られ，救急搬送を受けるに至る。精密検査の結果，末期のガンであることが家族に知らされる。延命治療の道はあるが，ガンが治まることはもうないとわかる。しかし母本人はその事態に気づいていない。家族として，母に対しガンを告知すべきか否か，非常に難しい選択を迫られる。

(4) **価値分析表**

　コールバーグの道徳性の発達段階に照らして，予想される生徒の反応を表1に示した。

表1　価値分析表

家族は母にガンを告知すべき	家族は母にガンを告知すべきでない
段階1　罰回避と従順志向，他律的な道徳性	
・告知しないと母から責められる。	・医者から治る見込みがないと告げられた。
段階2　個人主義・道具的な道徳性	
・嘘をつき続けて，看取るというのは，精神的に耐えられない。 ・告知することが母の願いを叶えることになる。	・母が不治の病と宣告され，辛く悲しい思いをしないように。 ・抗ガン剤治療は，経済的負担が大きい。
段階3　良い子志向，対人的規範の道徳性	
・告知をしてほしいという母の意思を尊重すべきである。 ・告知して，人生の最後の母の願いを，可能な限り叶えられるよう家族が寄り添うことができる。	・余命の短さに，母はきっと大いに落胆し，生きる気力をなくすだろうと考える。 ・母の意思に添わなくても，毎日を穏やかな気持ちで過ごすことこそが，皆を幸せにする。
段階4　社会システムと良心の道徳性	
・母に残された日々を意味あるものにするために，家族としてできることを積極的に見出して，人間の尊厳を大切にしたい。 ・人生の最期を，ターミナル病棟の手厚い支援を受けて，母親らしさを保ってほしい。	・肉体的苦痛を和らげる治療に専念し，人間の尊厳を踏みにじる告知による精神的苦痛を避けることこそ大事である。 ・親しい者が笑顔で語り合える環境は，人生の喜びや人間としての生きる糧を提供する。

❷ 展開（２時間扱いの授業展開）

●第１次の授業

配時	学習活動と主な発問	指導上の留意点
導入 10分	1．教材「母の信念」を範読する。	
展開 35分	2．母や家族の状態や考えを理解する。 ○母は毎日非常に忙しい日々を送っていたことがわかるが，それはどんな考えからくるものだろうか。 ○母が「自分がガンになったら正直に教えてほしい。」と考えていたのはなぜだと思うか。 ○母が自分の体調不良を家族に相談しなかったのは，なぜだろうか。 ○母がガンに冒されているとわかった時，家族はどんな気持ちになったと思うか。 3．葛藤状況を理解する。 ○抗ガン剤治療を行う場合と行わない場合の違いを整理しよう。 ○家族は，母がガンに冒されていることを母に告げるべきだろうか。またそれはなぜだろう。	・単に「家族に心配をかけたくない」という気持ちだけでなく，母の人間としての芯の強さにも気づかせたい。 ・抗ガン剤を用いるためには，ガンを告知しなければならないこと，抗ガン剤を用いてもガンは治癒できないことを理解させる。
終末 5分	4．最初の判断を下し，その理由を記述する。 ◎家族は，母がガンに冒されていることを母に告げるべきだろうか。告げるべきではないだろうか。	・1回目の「判断・理由づけカード」へ記入させ，回収する。

●第２次の授業の準備

○第１次の判断・理由づけカードを整理し，第２次で用いる書き込みカードを作成する。
○書き込みカードの「理由」部分を拡大したものを，黒板掲示用に作成する。
○1回目の判断・理由づけから，論点になりそうな部分を予想し，発問を準備する。

●第２次の授業

配時	学習活動と主な発問	指導上の留意点
導入 5分	1．前時の学習活動を振り返り，葛藤状況の再確認を行い，道徳的葛藤の明確化を行う。 ○母のガンは，抗ガン剤を使うことでどのように変化すると主治医は言っていますか。 ○母は，自分がガンにかかった時，どのようにしてほしいと家族に言っていましたか。 ○家族は，どのようなことで悩んでいるのか。	・前時のワークシートを返却し，自分の判断・理由づけを再確認させる。 ・左のような発問を通じて，教材の要点を振り返っていく。

展開前半20分	2. クラスでの理由づけを分類した「書き込みカード」に自分の意見を記入し，自分とは違う他者の考えに気づく。 ○賛成・反対（○×）意見をカードに書こう。 3. いろいろな理由づけに対して，相互に意見を述べ合う。 ○それぞれの考えに対して賛成・反対意見を自由に発表しよう。	・「書き込みカード」を拡大して掲示する。 ・4〜5人の小集団をつくり，意見交換させるのもよい。 ・対立点が明確になる板書を心がける。
展開後半20分	4. 論点を絞り，さらに意見を出し合う中で，自分の考えを確かなものにしていく。 ① 母への責任・義務として，告知以上に考えておかねばならないことはないだろうか。 ② ガンを告知されたとして，母の気持ちはどのようになり，何を考えるだろうか。 ③ 限られた余命の中で，人間の尊厳を保って生きるとはどんなことか。また，なぜそれは大切なのか。	・役割取得を促す発問（Y），結果を類推する発問（K），認知的不均衡をもたらす発問（N），等でディスカッションを方向づける。 ・左記の発問は例示である。実際には，議論の流れに沿った発問を投げかけたい。
終末5分	5. 道徳的葛藤の中で，家族はどうすべきかを再度判断し，自分の最も納得する理由づけを行う。 ◎家族は，母がガンに冒されていることを母に告げるべきだろうか。告げるべきではないだろうか。	・2回目の「判断・理由づけカード」へ記入させ，回収する。

❸ 授業を行う上での留意点

　第2次の「展開後半」が最大の山場であり，授業の成否を決するといってもよい。上掲の指導案では，①の「定義の発問」で，親子間における責任・義務の輪郭と内包を追求し，②の「役割取得を促す発問」で，多様な立場から多角的・批判的に思考することを促し，③の「道徳的価値の重要性の根拠を求める発問」で，人間の尊厳を大切にすべきだとする判断の背景・妥当性に肉薄している。

　この他にも，例えば「より高い段階の反応を引き出す発問」として，「どんな場合でも，告知はしなければならないのだろうか。」と投げかけ，時処位に応じて判断や理由づけが変容する事実とも対峙させることができる。また，「一般的な結果に対する発問」として，「もし，ガンの告知をしないとすれば，どのようなことになるだろうか。」と問い，その結果として予想される状況の長所・短所を比較対照することも考えられる。いずれにしても，眼前の生徒の心の実態と具体的発言に応じて，柔軟に発問を選択するタクト力を発揮させなければならないであろう。

母の信念

名前

年　組　番

(1) 書き込みカード

母にガンを告知すべき			母にガンを告知すべきでない		
理　由	○×	意見や質問	理　由	○×	意見や質問
1．母から責められると自分自身が辛くなってくる。			1．医者から治る見込みがないと告げられたから。		
2．嘘をつき続けて，看取るのは，精神的に耐えられない。			2．母が不治の病と宣告されて，辛く悲しい思いをしないようにする。		
3．告知をしてほしいという母の意思を尊重して，あとは抗ガン剤治療に賭けたい。			3．余命の短さに，母はきっと大いに落胆するだろう。		
4．余命を知ることで，母は残りの日々を意味あるものにしようと努力するに違いない。			4．告知を受け，精神的な苦しみに耐えなければならないのは，人間の尊厳を踏みにじる態度だ。		

(2) 判断・理由づけカード

家族は母にガンを告知すべき	家族は母にガンを告知すべきでない
そう考えた理由は？	

⑥　引きこもっちゃダメ！

　一郎が学校を欠席がちになったのは，中学校入学後まもなくだった。小学校までは，何事もなく，楽しく学校に来ていた。どちらかと言えば，控えめでおとなしい性格だった。

　中学２年生になって担任が替わると，クラスの中が少しずつ変化してきた。わがままをする生徒，ルールを守らない生徒が出てきた。クラスの中で仲間外しやいじめもしばしば起こっていた。一郎は，そんな中でも仲間外しやいじめに関わることはなかったが，鬱々とした日々を過ごしていた。

　それからしばらくして，一郎が朝から起きられないと訴え，学校を休むことが多くなってきた。息子の様子に父親は苛立ちが募り，度々，親子げんかをするようになった。すると，一郎は，反発を強め，学校を欠席する日数が増えるのだった。

　同じサッカー部で同級生の健太は，一郎のことが心配で，時々，一郎の自宅に遊びに行っていた。家の中にいる一郎は普通に過ごしていたが，父親が帰ってくると部屋に引きこもって，顔を合わせないようにしていた。

　年が明け，２月になって学校を休みがちな一郎の様子に業を煮やした父親が，
「学校に行けないなら家から出て行け！」
とどなって，一郎をなぐってしまった。一郎は，家を飛び出して夜の公園をあてもなく歩き回っていた。

　母親から一郎が家出したと連絡を受けた担任は，一郎の自宅を訪問し，家族とともに一郎を探したが，見つからなかった。そこで，警察に捜索願を出してもらうとともに，健太をはじめとする数人の仲良しの級友に，一郎を探すのを手伝ってもらった。

　一郎はその日の深夜に見つかり，自宅に戻ったものの，その後，部屋に引きこもり不登校状態となった。父親もまた精神的に不安定になり，病院に入院する事態となった。

　中学校３年生に進級した一郎だったが，不登校は改善されず，新しい担任が家庭訪問をしても，会おうとしなかった。担任は，仲良しの健太を誘って，毎週金曜日の放課後に家庭訪問をするようにした。それでも一郎は顔すら見せなかった。

　健太は，休みの日に一郎の家に遊びに行った。するとどうだろうか，一郎は健太を家に招き入れ，ゲームをして遊ぶようになった。

健太は，一郎とゲームをして遊んだことをクラスのみんなに報告し，一緒に休みの日に一郎の家に遊びに行こうと誘った。ところが，だれも誘いに乗ってくる生徒はいなかった。中学3年になって，自分の勉強が大変なのに，不登校の同級生のことまで心配をしていられないと思っているようだ。それどころか，
「一郎のお守りは健太におまかせ！」
と言い切ってしまう生徒も出てきた。

　健太は，一郎のことについて学級で話し合う機会を持てないかと，担任に相談した。担任も，同じことを考えていたので，学活の時間で話し合うことにした。
　健太の提案は，「1人1回は，一郎の家を訪問して一緒に遊んだり，勉強したりすること。」というものであった。ところが，クラスの多くが，「自分が行っても家の中に入れてもらえないと思う。」と発言し，「何をするかは個人で決めていいのではないか。」という意見が出ると，「私は励ましの手紙を書くわ。」とか，「学校に出てくるように電話をする。」など，それなりに前向きの発言があった。
　しかし，健太は一貫して「家を訪問すべきだと思う。家に入れてくれるかどうかは一郎の気持ち次第だと思う。やっぱりみんなが一郎に逢いに行くべきだと思う。」と主張した。

> この学級では，「一人ひとりが家庭訪問する。」「各自の判断に任せる。」どちらに決定すべきだろうか。

◆一人ひとりが家庭訪問をすべきである。
◆各自の判断に任せるべきである。

（野口　裕展　作）

❶ 「引きこもっちゃダメ！」の授業実践

(1) **主題名**「どんなクラスにしたいですか？」　　**教材名**「引きこもっちゃダメ！」

(2) **主題設定の理由（ねらい）**

　今日，我が国では，不登校に陥っている児童・生徒は，10万人を超えている。その原因は多様だが，学級や学校が楽しければ不登校になりにくいのも事実である。不登校を生まない学級の土壌とはどのようなものか，仮に，不登校者が出た場合，学級ではどのような取り組みを行うべきか，なぜ取り組まなければならないのかを考える機会とするために，本主題を設定した。

(3) **教材について（タイプⅡ）**

　父子関係が原因で不登校に陥っている一郎について，級友の健太の苦悩が描かれている。この場合どのような取り組みを行うのか。いや，行うべきなのかを考えるさせる教材である。級友や学級の問題に無関心を決め込んだり，巻き込まれたくないという意識が，今日の不登校状況の背景にある。不登校を乗り越えるためには，級友として何ができるか。何をしなければならないか。それはなぜか，を考え，行動する学級作りが大切だ。

(4) **学級の実態**

　10万人以上の不登校の子どもたちがいるということは，あなたの学級にも不登校の子がいても不思議ではない。ここでの学習を課題解決に向けた取り組みの1つと位置づけてほしい。また，いつ同様な状況に直面しても，何をどのように考えるべきかを考えた経験は重要である。

(5) **価値分析表**

　コールバーグの道徳性の発達段階に照らして，予想される生徒の反応を表1に示した。

表1　価値分析表

一人ひとりが家庭訪問をすべきである	各自の判断に任せるべきである
段階1　罰回避と従順志向，他律的な道徳性	
・みんなで家庭訪問をすると決まったら，それに従わなければならないから。	・それぞれの判断だから，家庭訪問（や他のことも）をしなくてもよい。
段階2　個人主義・道具的な道徳性	
・家庭訪問をして一郎が登校するようになったら，一郎からお礼がもらえる。	・家庭訪問をしても一郎が登校するとは限らないから。
段階3　良い子志向，対人的規範の道徳性	
・一郎は本当はみんなと会いたいと思っているから，みんなで家庭訪問をするときっと登校するようになる。	・みんなで家庭訪問をして一郎が喜ぶとは限らないから，それぞれが考えていろいろなことをしてみたほうがよい。
段階4　社会システムと良心の道徳性	
・心にいろいろな問題を抱えている人をほったらかしにしている集団は，望ましい集団ではない。集団の凝集性を高める取り組みが一人ひとりに求められる。	・一人ひとりがそれぞれにつながりを持っている集団ならば，趣味や遊び等，それぞれに違った接点を持っているだろうから。

❷ 展開（２時間扱いの授業展開）

●第１次の授業（1.5時間扱いの場合，朝自習等で教材読みと１回目の判断・理由づけのみを行う。）

配時	学習活動と主な発問	指導上の留意点
展開 前半 10分 〜 25分	1．資料を読み，ジレンマの状況を把握する。 2．ジレンマの状況を正確につかみ，誰が何を為すべきか（当為）について考える。 ○登場人物（中心人物）の確認を行う。 　・健太，一郎，一郎の父，級友，担任 ○健太と級友の当為（まさに為すべきこと）を明確にする。 　・一人ひとりが家庭訪問をすべきかどうか。 ◎「一人ひとりが家庭訪問する。」「各自の判断に任せる。」どちらに決定すべきか。	・ジレンマの状況把握に誤解が生じないよう，状況確認をしっかりすること。 ・当為に関する食い違いが生じないように，板書すること。
展開 後半 10分 〜 25分	3．第１回の判断・理由づけを行う。 ・カード記入前に，およその判断傾向を把握する。 ◎この学級では，「一人ひとりが家庭訪問する。」「各自の判断に任せる。」どちらに決定すべきだろうか。それはなぜか。	・「判断・理由づけカード」に記入するが，ICTを活用して記録することができると第２次の利用が簡単になる。 ・挙手によっておよその判断傾向を把握すると，学習者の意欲も高まる。

●第２次の授業の準備

○１回目の判断・理由づけカードを集計し，判断の対立点と争点を洗い出しておく。

●第２次の授業

配時	学習活動と主な発問	指導上の留意点
導入 10分	1．ジレンマの状況を再度確認し，判断の状況を知る。 〈一人ひとりが家庭訪問をする〉＝○人 〈各自の判断に任せる〉＝○人	・判断の状況は板書または掲示する。 ・名前カード等を利用して判断を明確にしたい。
	2．判断の根拠となっている理由を知る。 〈一人ひとりが家庭訪問をする〉 ・家庭訪問をして一郎が登校するようになったら，一郎が喜んでくれる。 ・気持ちを伝えるためには家庭訪問が一番よい。 ・一郎はみんなと会いたがっているに違いない。 ・一緒に遊ぶ機会をつくるなら家庭訪問しかない。 〈各自の判断に任せる〉 ・普段一郎と話をしない人が家庭訪問をしても会話にならない。 ・自分はゲームをしないから一緒に遊べない。	・キーワードをそれぞれの判断毎に短冊等で示す。（ICT使用可） ・同じキーワードが両方に現れた場合は，そのことをしっかり押さえる。 ・判断を留保している場合，名前を中間に貼らせる。

	・面と向かって話すのが苦手だから。 ・家庭訪問をして遊んでいる時間がないから。	
展開 前半 15分	3．黒板に示された判断・理由づけに対して，「書き込みカード」に賛成・反対（○×），質問や意見を書き，発表する。 ○ペア（グループ）討論 ○争点の洗い出し ・家庭訪問をして一郎が喜ぶか。 ・家庭訪問しか方法はないか。	・机間指導をしながら座席シートに簡単な記録を取ると，意図的指名ができる。 ・ペア（グループ）討論の時間は短時間で済ませる。 ・ホワイトボード（タブレット）等に書き出させることも有効。
展開 後半 20分	4．争点について話し合いを深める。 ・家庭訪問をして不登校が解消できるのか。（K） ・なぜ，不登校の友だちのために級友は努力すべきなのだろうか。（Y） ・不登校とは，個人的な問題なのだろうか。それとも，集団の問題なのだろうか。（N）	・役割取得を促す発問（Y），結果を類推する発問（K），認知的不均衡を促す発問（N）でディスカッションを方向づけ，生徒の思考を深める。 ・展開前段で中心的な争点とつながる視点を主として取り上げる。
終末 5分	5．2回目の判断・理由づけを行う。 ◎この学級では，「一人ひとりが家庭訪問する。」「各自の判断に任せる。」どちらに決定すべきだろうか。それはなぜか。	・判断が変わった生徒は名札を移動し，なぜ判断が変わったのかを確認する。

板書計画

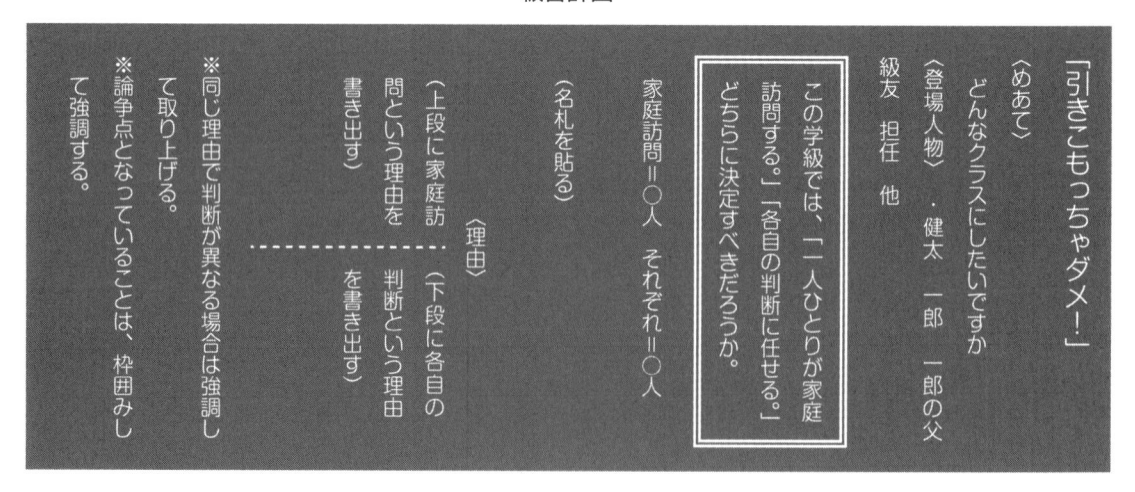

「引きこもっちゃダメ！」

〈めあて〉
どんなクラスにしたいですか

〈登場人物〉 ・健太 一郎 一郎の父
級友 担任 他

この学級では、「一人ひとりが家庭訪問する。」「各自の判断に任せる。」どちらに決定すべきだろうか。

家庭訪問＝○人 それぞれ＝○人

（名札を貼る）

〈理由〉
（上段に家庭訪問という理由を書き出す）
（下段に各自の判断という理由を書き出す）

※同じ理由で判断が異なる場合は強調して取り上げる。

※論争点となっていることは、枠囲みして強調する。

❸ 授業を行う上での留意点

「主題設定の理由」でも述べているが，不登校児童・生徒が教室にいてもおかしくない状況であるので，実態を踏まえた取り組みを行う必要がある。学級集団とはどうあるべきなのかを考える機会として考えるとともに，場合によって，特別活動との関係も踏まえて道徳的実践を求められる場合も生じてくる。

ワークシート

引きこもっちゃダメ！

名前

年　　組　　番

(1) 書き込みカード

一人ひとりが家庭訪問をすべきである			各自の判断に任せるべきである		
理　由	○×	意見や質問	理　由	○×	意見や質問
1．一緒に遊ぶ機会をつくるなら家庭訪問しかない。			1．普段一郎と話をしない人が家庭訪問をしても会話にならない。		
2．気持ちを伝えるためには家庭訪問が一番よい。			2．自分はゲームをしないから一緒に遊べない。		
3．家庭訪問をして一郎が登校するようになったら，一郎が喜んでくれる。			3．家庭訪問をして遊んでいる時間がないから。		
4．一郎はみんなと会いたがっているに違いない。			4．面と向かって話すのが苦手だから。		

(2) 判断・理由づけカード

この学級では，「一人ひとりが家庭訪問する。」「各自の判断に任せる。」どちらに決定すべきか。	
一人ひとりが家庭訪問をすべきである	各自の判断に任せるべきである
そう考えた理由は？	
....	
....	
....	
....	
....	
....	
....	
....	
....	

⑦ マルクス＝レーム 義足のスーパーアスリート

対 象
中学校 1 ～ 2 年生
内容項目
B −(9) 相互理解，寛容
C −(11) 公正，公平，社会正義

2014年7月26日，その瞬間はやって来た。

「8メートル24センチ！」

記録の発表とともに，会場は歓声の嵐となった。2012年のロンドンオリンピックを振り返ってみると，銀メダルにあたる記録である。

ドイツ陸上競技選手権走り幅跳びでこの記録を出したのは，マルクス＝レーム選手。彼は，自己最高となるこの記録により見事優勝を果たした。しかし，さらなる話題をもたらした理由が他にあった。それは，レーム選手が右足に義足をつけたパラリンピアンだということだ。そして，このドイツ選手権は，8月にスイスで行われるヨーロッパ選手権のドイツ代表選手の選考会ともなっていたのである。優勝したレーム選手は，その有力候補とされた。

ところが，この快挙に疑問が出されることになった。その原因は，レーム選手の義足にあった。レーム選手は，義足をつけた右足で踏み切りを行う。

その義足は，競技用に特別に作成されたものだ。義足の性能について，次のようなデータがある。

レーム選手とレーム選手と同程度の記録を持つ32名の選手を比較したものだ。踏み切り前のレーム選手は秒速9.72メートルで走る。これに対して32名の選手の平均は10.43メートルだった。助走では，レーム選手のほうが遅いことがわかる。ところが，踏み切った直後のデータを見ると様子が変わる。踏み切り直後のレーム選手の垂直方向の速度は秒速3.65メートル，32名の平均は3.36メートルでレーム選手のほうが上回っている。さらに，水平速度の減速についても，レーム選手が0.92メートルしか減速していないのに対して，32名の平均値は1.50メートルも減速していた。

このことから，レーム選手の記録は義足のばねの性能によるものではないかという意見が出されたのである。皮肉なことに，レーム選手が短期間の間に驚くべきペースで記録の更新を続けてきたことも，この意見を後押しすることになってしまった（表　レーム選手の主な記録）。

表　レーム選手の主な記録

年	主催	大会名	開催国	記録／成績
2010	IWAS[※1]	オロモウツ・ジュニア世界選手権	チェコ	6.84m／優勝
2011	IPC[※2]	クライストチャーチ・世界選手権	ニュージーランド	7.09m／優勝
2012	IPC	ロンドン・パラリンピック	イギリス	7.35m／優勝
2013	IPC	リヨン・世界選手権	フランス	7.95m／優勝
2014	DLV[※3]	ドイツ陸上競技選手権	ドイツ	8.24m／優勝

※1　IWAS：国際車いす・切断者スポーツ連盟
※2　IPC：国際パラリンピック委員会
※3　DLV：ドイツ陸上競技連盟

一方，レーム選手は，次のような見解を述べている。
「2013年以降，義足の素材や形は変えていない。義足の力で記録が伸びたのではない。」と。
ヨーロッパ選手権への代表選手の選出は，ドイツ陸上競技連盟が決定する。

> レーム選手をドイツ代表として選出するべきか。他の選手を選出するべきか。

◆レーム選手を代表に選出するべき。
◆他の選手を代表に選出するべき。

（森川　智之　作）

【参考】
パラリンピアン：4年に1回，オリンピック開催地(かいさいち)で行われるパラリンピック（国際身体障害者スポーツ大会）の選手または出場経験者のこと。レーム選手は，2012年ロンドンパラリンピック男子走り幅跳び(はばとび)T42／44クラス金メダリスト。記録7メートル35センチ。また，2014年IPC（国際パラリンピック委員会）ヨーロッパ陸上選手権ウェールズ大会では，7メートル63センチでT42／44クラス金メダリスト。T42クラスは膝上(ひざ)切断など，T44クラスは膝下(ひざ)切断などの障害を持つ選手。レーム選手は，T44クラス。ロンドンパラリンピックでは，両クラス混合で競われ，ポイント計算によって順位が決められた。

【参考文献】
「Auf dem Weg nach Rio（リオへの道）」マルクス・レーム　ウェブサイト　http://www.markus-rehm-88.de/
朝日新聞デジタル　2016　義足ジャンパー，五輪なら「金」「出場したい」で論争　朝日新聞社　http://www.asahi.com/articles/ASJ1D3VPTJ1DUTQP00D.html

❶ 「マルクス＝レーム　義足のスーパーアスリート」の授業実践

(1)　**主題名**「ノーマライゼーションとは」　　**教材名**「マルクス＝レーム　義足のスーパーア
スリート」

(2)　**主題設定の理由（ねらい）**

「ノーマライゼーション」とは，障がい者も健常者と同様の生活ができるように支援するべ
きという考え方である。しかし，ひとたび障がい者が健常者を超えてしまったら，底の浅い寛
容論では，逆に障がい者に対して攻撃的になってしまう者が出てくるであろう。底の浅い公
平・公正の論議もまたしかりである。このような状況下では，より質的に高い相互理解の能力
と公正な判断力が必要になる。以上の考えから本主題を設定した。

(3)　**教材について（タイプⅡ）**

本教材に登場するマルクス＝レームは実在するパラリンピアンである。教材もおおむね事実
に基づいて展開している。右足に義足をつけたレームが，ドイツ選手権の走り幅跳びで優勝を
果たす。しかし，続くヨーロッパ選手権への代表選考において，彼の義足の持つ反発力が問題
にされる。レームが優勝さえしなければ，パラリンピアンのヒーローとして扱われ続けたであ
ろうが，事態は一変する。障がい者と健常者は果たして同じフィールドで競い合えるのか。ド
イツ陸上競技連盟は，レームを代表に選出するべきか。他の選手を選出するべきか。

(4)　**学級の実態**　　（略）

(5)　**価値分析表**

コールバーグの道徳性の発達段階に照らして，予想される生徒の反応を表1に示した。

表1　価値分析表

レーム選手を代表に選出するべき	他の選手を代表に選出するべき
段階1　　罰回避と従順志向，他律的な道徳性	
・レーム選手を代表にしないと世間から非難されるから。	・すでにレーム選手の選出について異論が多く出されているから。
段階2　　個人主義，道具的な道徳性	
・せっかく優勝したのに代表になれないのは，障がい者に対する不公平だから。	・義足の有利性が疑われる中，レーム選手を代表にするのは，他の選手に対して不公平だから。
段階3　　良い子志向，対人的規範の道徳性	
・ドイツ選手権に出場が認められた時点で，優勝すれば代表選出は当然のことであり，後から義足の問題でクレームをつけるのはよくないから。	・義足の優位性が科学的にある程度示唆されている時点で，代表選出は見送るのが当然だから。
段階4　　社会システムと良心の道徳性	
・レーム選手を代表とすることで障がい者と健常者が競い合える国際的なルールを整備する機運を高めるべき。	・現状のルールの中に障がい者と健常者が平等な条件の下で競い合える環境がない以上，今回の代表選出を見送った上でルール整備を進めるべき。

❷ 展開（2時間扱い及び1.5時間扱いの授業展開）

●第1次の授業（1.5時間扱いの場合は，第1次を行わず，朝自習や宿題で各自教材を読み，1回目の判断・理由づけを行う。）

配時	学習活動と主な発問	指導上の留意点
展開 45分	1．教材「マルクス＝レーム　義足のスーパーアスリート」を読む。	・立ち止まり読みを用いることにより，教材に描かれている状況を確実に把握させる。
	2．葛藤状況を理解する。 ○レームの義足の性能について確認する。 ○レーム選手の見解はどのようなものだったか。	・データを正確に読み取るようにさせる。 ・レームの見解をデータと照らし合わせて考えさせる。
終末 5分	3．最初の判断を行い，その理由づけを記述する。 ◎ドイツ陸上競技連盟は，レーム選手をドイツ代表として選出するべきか。他の選手を選出するべきか。（H）	・1回目の「判断・理由づけカード」への記入を行わせる。

●第2次の授業の準備

○1回目の判断・理由づけカードの内容を整理し，第2次で用いる書き込みカードを作成する。
○書き込みカードの「理由」部分を拡大したものを黒板掲示用に作成する。
○1回目の判断・理由づけから，論点になりそうな部分を予想し，発問を準備する。

●第2次の授業

配時	学習活動と主な発問	指導上の留意点
導入 前半 5分	葛藤状況把握の再確認をし，道徳的葛藤の明確化を行う。 ○ドイツ陸上競技連盟はどのような問題を抱えていましたか。 ○問題化した理由として，どのようなことが考えられますか。	・葛藤状況を確認させる。 ・前時のワークシートへの記入内容を確認させる。
導入 後半 10分	学級全員の理由づけを分類した「書き込みカード」に自分の意見を書き込むことにより，自分とは違う他者の考えに気づく。 ○賛成・反対（○×）意見や質問をカードに書きましょう。	・「書き込みカード」に自分の意見を書き込むことで討論への準備を行わせる。 ・発言が苦手な生徒の意見表明の場とする。
展開 前半 15分	様々な理由づけに対して相互に意見を述べ合い，論点を明らかにしていく。 ○賛成・反対意見を自由に言おう。	・書き込みカードの「理由」の部分を拡大して黒板に掲示する。 ・意見が散らばらないように，同じ部分についての意見を発表させる等，進め方を工夫する。 ・教師は対立点がわかるように児童の意見を板書する。
展開 後半	論点を絞り，さらに意見を出し合う中で，自分の考えを確かなものにしていく。	・役割取得を促す発問（Y），結果を類推する発問（K），認知的不均衡を促

15分	○もし，レーム選手を代表として選出した場合，どのような結果が生じるだろうか。（K） ○もし，他の選手を代表として選出した場合，レーム選手の代表選出に異議を唱えた人々はただ喜ぶだけだろうか。（Y） ○もし，レーム選手が代表に選出されたら一般の人々はどう思うだろうか。（Y） ○レーム選手が義足で踏み切る以上，今後健常者と同じ大会でドイツ代表になることはできないのだろうか。（N）	す発問（N）でディスカッションを方向づけ，生徒の思考を深める。 ・左記の発問をすべて用いるのではなく，ディスカッションの流れに応じて適宜用いる。
終末 5分	道徳的葛藤の場面でどうすべきかを再度判断し，自分の最も納得する理由づけを行う。 ◎ドイツ陸上競技連盟はどうするべきだろう。（H）	・2回目の「判断・理由づけカード」への記入を行う。 ・板書を参考に，納得できる意見を取り入れるよう指示する。

第2次の板書計画

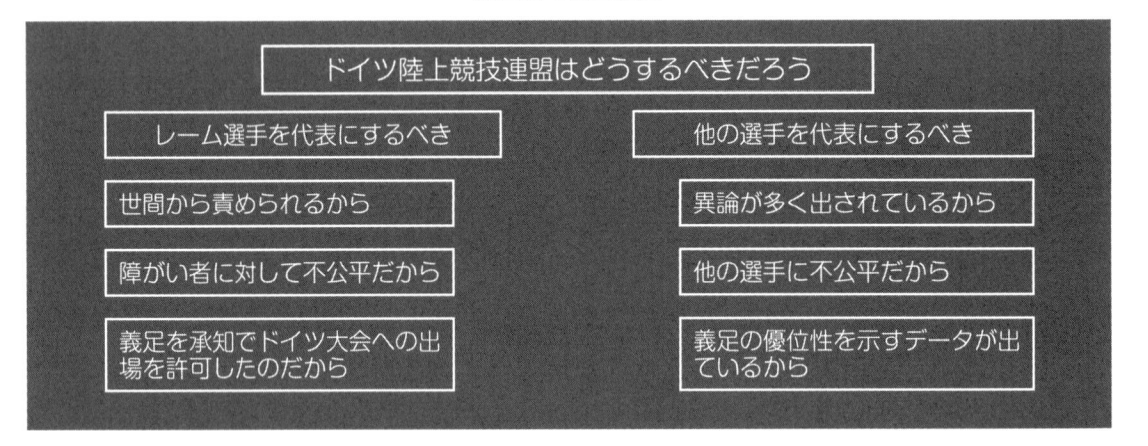

❸　授業を行う上での留意点

　本教材は，B．相互理解，寛容とC．公正，公平，社会正義を扱うこととしているが，この2者の対立構造ではなくB，Cそれぞれのあるべき姿を同時に検討しなければいけない構造となっている。レーム選手の優勝により，周囲の人々の「寛容」が揺るがされ，同時に「公正」であるはずの代表選出のプロセスまでもが揺るがされたのである。しかし，このことが競技スポーツにおける障がい者と健常者の「ノーマライゼーション」を考える上で好適な事例となっていると考えられる。当然簡単に回答を得られる課題ではないが，じっくりと根拠を持たせた上で議論させたい。また，モラルジレンマ授業ではあまり用いないことだが，次のレーム選手の言葉を締めくくりに使うこともオープンエンドの効果を高めるのではないかと考える。

　「私は，どの大会に参加していても，パラリンピアンです。そのことが私の誇りです。だからこそ，世界の最高峰といわれる大会への出場を果たし，健常者とともにフィールドに立つことで，障がい者スポーツにもっと注目が集まることを願って止みません。」

ワークシート	マルクス=レーム 義足のスーパーアスリート	名前	年　　組　　番

(1) 書き込みカード

レーム選手を代表に選出するべき			他の選手を代表に選出するべき		
理　由	○×	意見や質問	理　由	○×	意見や質問
1．世間から非難されるから。			1．多くの反対意見が出されているから。		
2．優勝したのに代表になれないのは不公平だから。			2．義足の優位性が疑われているのに代表になるのは不公平だから。		
3．ドイツ選手権に出場が認められた時点で，条件は他の選手と同じだったはず（優勝すれば代表）。			3．競技後であっても義足の優位性が科学的にある程度実証されたから。		

(2) 判断・理由づけカード

レーム選手を代表に選出するべき	他の選手を代表に選出するべき
そう考えた理由は？	

⑧　おばあちゃんの黄色い花

　一夫はおばあちゃん子だった。両親が共働きだったので，幼稚園に行くまではずっとおばあちゃんと一緒だったし，幼稚園の送り迎えもおばあちゃんと一緒だった。おばあちゃんの家は，一夫の家から5分くらいのところにある。小学校も低学年の頃までは，同じように両親が共働きの子の多くは学童保育に入っていたが，一夫にはおばあちゃんがいたので，放課後はいつもおばあちゃんと過ごしていた。

　一夫のおばあちゃんは，庭いじりが大好きで，手入れの行き届いた花壇には，春夏秋冬いつもその時々の季節の花がたくさん咲いていた。一夫も学校から帰るといつもおばあちゃんと一緒で，花壇の手入れをしたり，花の名前を教えてもらったりしていた。一夫の大切な思い出の1ページである。

　そんな一夫も，今，中学3年生。当然，成長したこともあり，おばあちゃんと過ごす時間はなくなり，友だちと遊び，高校入試に備え勉強にも励むごく普通の中学生活を過ごしていた。近くに住んでいても，訪ねて，顔を見せることは，お盆か正月くらいになっていた。

　今年の正月，久しぶりに会ったおばあちゃんは，認知症になっていた。一夫の顔を見ても，間違えて一夫の父親の名前を呼んだり，他人行儀な挨拶をしたりするようになっていた。おじいちゃんの話だと，去年の春頃からおばあちゃんの様子がおかしくなり，ふさぎ込んだり，そうかというとすぐに訳も分からず怒り出したり，世話をしなくなった花壇を見て，誰かが花を取っていった，花壇を荒らしたと被害妄想的なことを言って暴れたりすることもあるという。そんなおばあちゃんを目の当たりにして，一夫は涙が出そうになった。

　その年のゴールデンウィーク，久々におばあちゃんの家に行ったら，庭いっぱいに黄色い花が沢山咲いていて，おばあちゃんはその花壇を手入れしているところだった。そして，一夫を見るなり「一夫，よーきた。」「見てよこの花。綺麗でしょう。」「去年の秋に河原に生えていたのを掘り起こして植えといたら，こんなにいっぱい増えてくれて，綺麗に咲いたのよ。嬉しいわ。」「一夫が幼稚園の頃にもよくこうやって花壇の花をいじっていたよね。」「覚えている。一夫。」と元気に話しかけてきた。おばあちゃんは，何と，一夫のことも思い出してくれていたのだった。一夫はなんだかとても嬉しかった。

　おじいちゃんに聞くと，去年のゴールデンウィークにお墓参りしたときに墓地の脇に咲いていた黄色い花をおばあちゃんが見つけ，どうしても持ち帰りたいと駄々をこねたので，仕方なく一株だけ抜いてきて，庭に植えておいたのだという。そのまま忘れていたのだが，春になりまたあの黄色い花が咲き出した途端，おばあちゃんが急に元気になってきたのだという。病院

(写真・群生するオオキンケイギク)

の先生は，極めて一時的な回復かもしれないが，花がきっかけになったのかもしれないという。

　一夫は嬉しくて，「おばあちゃん。」と返事したところで言葉に詰まった。認知症になってふさぎこんでいた一夫の大好きなおばあちゃんが，あんなに元気いっぱいに綺麗な「黄色い花」の手入れをしている，しかし，その「黄色い花」が気になった。というのは，その花が，この前の理科の時間に習った「オオキンケイギク」によく似ていたからだった。

　一夫は，家に帰ってインターネットで「オオキンケイギク」のことを調べた。

　間違いない，「オオキンケイギク」だ。環境省のホームページには特定外来生物として登録されていた。庭に植えて育てることができない違法な花だ。しかし，おじいちゃんもおばあちゃんも，近所の人だって特定外来生物なんて言葉は知らない。その違法な「黄色い花」が，おばあちゃんを元気にしている。

　「いや，ダメなものはダメなんだ……。もし，今，おばあちゃんに，あの花はダメだよって話したら，わかってくれるだろうか？　もし，今，僕が駆除したらどうなるんだろうか？　どうすればいいんだろう？」

黄色い花が特定外来生物である事実を明らかにし，駆除，あるいは保健所に通報すべきか，そのままそっとしておくべきか。一夫はどうすべきですか。それはなぜですか。

◆すぐに駆除するか，通報すべき。
◆そっとしておくべき。

（山本 善博 作）

❶ 「おばあちゃんの黄色い花」の授業実践

(1) **主題名**「個人の幸せか公共の利益（福祉）か」　　**教材名**「おばあちゃんの黄色い花」

(2) **主題設定の理由（ねらい）**

中学生は，社会人としての自立の過程で公共心を獲得し，国民として自己の存在を意識し始める時期に当たる。本主題は，内容項目，C－⑽遵法精神，及び，C－⑭家族愛をねらいとしている。

人は，「法やきまりの意義を理解し，それらを進んで守るとともに，そのよりよい在り方について考え，自他の権利を大切にし，義務を果たして，規律ある安定した社会の実現に努める」とともに，「父母，祖父母を敬愛し，家族の一員として自覚をもって充実した家庭生活を築くこと」に努めなければならない。加えて，「思いやりの心をもって人と接するとともに，家族などの支えや多くの人々の善意により日々の生活や現在の自分があることに感謝し，進んでそれに応え，人間愛の精神を深めること」や，「生命の尊さを理解し，かけがえのない生命を尊重すること，自然環境を大切にすることの意義を理解し，進んで自然の愛護に努めること」も同時に学ばなければならない。これらはいずれも，国民一人ひとりの幸せ実現に結びつくものであるが，この個人の幸福追求権は，同時に公共の利益（福祉）という概念で法令によって調整される。すなわちそこに，個人の思いと公共の利益の間に様々な葛藤が否応なく存在している。

(3) **教材について（タイプⅡ）**

一夫の大好きなおばあちゃんが，認知症になり，花壇の手入れもできなくなっていた。そんな時に，黄色い花を花壇で育てることで，症状が軽快し，以前のように生活できるようになっていた。しかしおばあちゃんが大切に育てている花は，インターネットで調べると，それは間違いなく特定外来植物の「オオキンケイギク」であった。しかし，花を育てることで幸せの中にいるおばあちゃんを前に，一夫は，大切な花が特定外来生物であることをこの事実を明らかにし，駆除したり，保健所等に通報したりすべきか，それとも，そっとしておくべきかで悩んでいる。

(4) **学級の実態**　　（略）

(5) **価値分析表**

コールバーグの道徳性の発達段階に照らして，予想される生徒の反応を表1に示した。

表1　価値分析表

駆除するか通報する	そっとしておくべき
段階1　罰回避と従順志向，他律的な道徳性	
・特定外来植物の栽培は法で禁じられている。	・花がなくなるとおばあさんが怒って暴れる。
段階2　個人主義・道具的な道徳性	
・栽培していることがばれると罰金を取られる。	・花を駆除するとおばあちゃんの認知症が進む。
段階3　良い子志向，対人的規範の道徳性	
・禁じられた花の栽培を見逃すことは人としてよくないことだ。	・おばあちゃんの日常の平穏な生活を続けるためにはやむを得ない。
段階4　社会システムと良心の道徳性	
・法律に従うことは人の義務である。 ・駆除は在来種を守るために必要なことである。	

❷　展開（2時間扱い及び1.5時間扱いの授業展開）

●第1次の授業（1.5時間扱いの場合，朝自習や宿題で各自教材を読み，1回目の判断・理由づけを行う。）

配時	学習活動と主な発問	指導上の留意点
展開 45分	教材「おばあちゃんの黄色い花」を読む。 ジレンマの状況を把握する。	・立ち止まり読みを用いて，状況を確実に把握させる。 ・黄色い花「オオキンケイギク」の写真を掲示する。 ・花の写真を見ての印象や感想も発言させる。
	葛藤状況を正確に理解する。 ○おばあちゃん子だった。一夫のおばあちゃんが元気な頃は，どんな様子だっただろうか。 ○認知症で元気のなかったおばあちゃんが元気になったきっかけは何だったのだろう。 ○特定外来生物の問題の本質は何か。なぜ，罰金まで設けて規制されているのか，その理由も考えよう。	・特定外来生物に関する資料を用意し，規制されている実態を確認する。
終末 5分	最初の判断を行い，その理由づけを記述する。 ◎一夫は花を駆除すべきか，保健所に通報するべきか，それとも，そっとしておくべきか。それはなぜか？	・1回目の「判断・理由づけカード」への記入を行わせる。

●第2次の授業の準備

○1回目の判断・理由づけカードの内容を整理し，第2次で用いる書き込みカードを作成する。
○書き込みカードの「理由」部分を拡大したものを黒板掲示用に作成する。
○1回目の判断・理由づけから，論点になりそうな部分を予想し，発問を準備する。

●第2次の授業

配時	学習活動と主な発問	指導上の留意点
導入 前半 5分	葛藤状況把握の再確認をし，道徳的葛藤の明確化を行う。 ○おばあちゃんは，なぜ，元気になったのか？ ○一夫はなぜ，おばあちゃんの回復を素直に喜べないのですか？	・葛藤状況を確認する。 ・花の写真をもう一度掲示する。 ・前時のワークシートへの自分の判断・理由づけを確認させる。 ・特定外来生物について確認する。
導入 後半 10分	クラスでの理由づけを分類整理した「書き込みカード」に自分の意見を書き込むことにより，自分とは違う他者の考えに気づく。 ○賛成・反対（○×）意見をカードに書きましょう。	・「書き込みカード」に自分の意見を書き込むことで集団討議の準備を行う。 ・発言が苦手な生徒の意見表明の場とする。
展開 前半 15分	いろいろな理由づけに対して相互に意見を述べ合い，論点を明らかにしていく。 ○賛成・反対意見を自由に言おう。	・書き込みカードの「理由」の部分を拡大して黒板に掲示する。 ・意見が散らばらないように，意見の発表のさせ方，進め方を工夫する。 ・対立点がわかるように板書する。
展開 後半 15分	論点を絞り，さらに意見を出し合う中で，自分の考えを確かなものにしていく。 この花が特定外来生物だということを学校で学んで	・役割取得を促す発問（Y），結果を類推する発問（K），認知的不均衡を促す発問（N）でディスカッションを方

	知ってた以上，「見過ごす」判断はできない。 ○一夫はおばあちゃんに何と声をかけるのか。（Y） ○おばあちゃんに「特定外来生物」について説明した場合理解してくれるのか。（K） ○もし，おばあちゃんに黙って花を駆除したら，どのような結果が生じるだろうか。（K） ○おじいちゃんが一夫から花のことを聞いたなら，一夫をどう思うだろうか？（Y） ○おじいちゃんが特定外来植物と知ったらどう思うか。（N）	向づけ，生徒の思考を深める。 ・左記の発問をすべて用いるのではなく，ディスカッションの流れに応じて適宜用いる。
終末 5分	道徳的葛藤の場面で主人公はどうすべきかを再度判断し，自分の最も納得する理由づけを行う。 ◎一夫は，花の駆除や保健所等に通報するべきか，それとも，そっとしておくべきか。それはなぜか？　一夫は，どうすべきか。（H）	・2回目の「判断・理由づけカード」への記入を行う。 ・板書を眺め，納得できる意見を取り入れるよう指示する。

❸　授業を行う上での留意点

　本教材は，遵法と個人的な感情，他者の価値観（ここでは，おばあちゃんが純粋にどんな花であれ，命があり，その花を愛しているということ。）や思いやりのはざまで揺れる主人公一夫の悩みを描いたものである。一夫が置かれた状況を正確に理解し，他方で，その対応に直面した一夫のとるべき行動を話し合わせることを通して，社会規範（法律）の存在意義と個人の幸福追求のバランス，すなわち社会の制度とそこに生きる個人的な事情や家族への思いやりとの兼ね合いを考えさせたい。

　教材前半では，自らの成長とともに家族やそれを取り巻く人たちとの関係性の変化について，生徒，それぞれに違った実体験を持っているであろうが，重ね合わせながら振り返らせることで，自分の極めて身近な人の様子や，自分との関わりについて再確認させたい。

　認知症はすべての人にその症状が発症するわけではなく，その要因・タイプによりその症状は様々であるところ，本教材の症状（記憶の喪失や混乱，被害妄想，行動の変化等）は代表的な症状である。他方，成長により家族，身内中心だった人間関係も，徐々に外へ向かい，一時的には幼少期に極めて親密だった関係が疎遠なものになることも少なくない。生徒一人ひとり各々の人間関係の中で暮らしているが，今の自分と家族，特に祖父母との関係や距離の変化を確めることにより，おばあちゃんの様子や，関わり方，さらにはこの状況は永遠に続くものではなくいつかは終焉を迎え，別れの結末のあることをもイメージさせたい。

　教材後半では，個人の利益や感情と，遵法・公共の福祉とのバランスについて，基本的な立場としての法令遵守の下，認知症により判断力に支障のある状態のおばあちゃん，それを支えるおじいちゃんや自分の気持ち，感情をどのように折り合いをつけるか考えさせたい。さらには，国際化・グローバル化の影の矛盾や問題点などについても考えが広がることも期待したい。

ワークシート

おばあちゃんの黄色い花

名前

年　　組　　番

(1)　書き込みカード

すぐに駆除するか，通報すべき			そっとしておくべき		
理　由	○×	意見や質問	理　由	○×	意見や質問
1．特定外来生物と知ってしまったから。			1．おばあちゃんは何も知らない。		
2．駆除しないとどんどん広がる恐れがある。			2．これ以上増やしたりしなければ，自然破壊にはつながらない。		
3．通報して相談すればよい。			3．花を育てている，今のおばあちゃんの幸せを壊す権利は誰にもない。		
4．一時的に落ち込むだけで，また，忘れるかもしれない。			4．駆除しなくても季節が過ぎれば花は枯れる。でも，おばあちゃんの今は，今しかない。		

(2)　判断・理由づけカード

すぐに駆除するか，通報すべき	そっとしておくべき
そう考えた理由は？	

....
....
....
....
....
....
....
....
....

⑨ 楽してガッテン！

中学校生活で一番大変なこと？
それは，必ずやってくる「中間・期末・実力・模擬テスト，そして，高校入試」。
中学生にとってこの関門さえなければ，楽しい3年間だけど……。
中学校入学当初は，勉強にも意欲を持って取り組むのだけど，5教科の中間テストはまだしも，全教科の期末テストを受けて，意欲を失ってしまう生徒が出てくる。これを2〜3回経験すると，普段の勉強もやる気がなくなるのはわからないでもない。しかし，中3になるとそんなこと言ってもおられず……。

　○○中学校2年F組では，学期末のテストを前に，担任がやたらと気合いを入れていた。
　「いいか，前回の中間テストでは，このクラスの平均点は学年最低だった。おかげで，『担任の気合いが抜けている』と他の担任から噂されている。今度は気合いを入れて勉強しろ！　いいか！」

　中間テストの教科は5教科。ところが，期末テストは美術を除く8教科。1年生の時もがんばったが，全部をがんばっても共倒れ。5教科を中心にがんばると4教科で評価が大幅下落！結局，高校入試にマイナスにしかならない。

　「やってらんねーよ！　楽してガッテン！という方法はないかなー？」
　そんなことをみんなでグチッていると，
　「そうだ！　楽してガッテン！　カンニングというのはどうだい？」
　「そいつぁーいい！」
　「よし，やろうぜ！」

と，トントン拍子で話し合いが盛り上がってしまった。はじめは男子だけの秘密計画だったが，担任や学校に不満を持っている女子生徒も加わり，話が少しずつ大きくなった。
　そんな時，僕，正夫にもお誘いがかかったというわけである。

僕（ぼく）は自分のことを「不正を憎（にく）む正義感の強い人間」だと自負している。だからといって，この秘密計画を先生にチクるような最低の人間でもないつもりだ。

　不正は見過ごせないが，級友も裏切りたくない。そんなことを考えながら試験勉強をしても，身に入らない。どうしよう……？

> 正夫は，不正をしないようみんなを説得すべきか。それとも，この秘密計画を他の人には黙（だま）っておくべきか。それはなぜか。

◆不正をしないようみんなを説得すべき。

◆カンニングのことを秘密にすべき。

（野口　裕展　作）

❶ 「楽してガッテン！」の授業実践

(1) **主題名** 「ぼくはどうすべきか？」　　　**教材名**「楽してガッテン！」

(2) **主題設定の理由（ねらい）**

　中学校生活の中で，進路と直結した定期テストの負担は大変重い。これまで，あの手この手を使って重要な試験場面でカンニングが行われてきており，最近ではスマホを使ったカンニングが注目されている。努力に裏打ちされた実力で試験に臨むことが本来であるが，学校生活に対する不満から集団でカンニングをすることもある。自分さえ不正をしなければよいという考え方ではなく，より良い集団になるためには何を為すべきかという選択を迫られることもあるだろう。その意味で，今回の教材に基づき，生徒たちに考えさせたい。

(3) **教材について（タイプⅡ）**

　判断の主体者は集団カンニングに参加を誘われた「僕，正夫」である。「僕」はカンニングをする気持ちなどさらさらない。しかし，秘密計画を知られた立場から，どのような行動をすべきか（当為）を思い悩む。中学2年生ともなると，友だちを裏切ることもできないし，不正を許すこともできない。とすれば「説得して止めさせる」か「黙認して自分は参加しない」，それとも「先生に告げ口する」……。「ぼくはどうすべきか？」

(4) **価値分析表**

　コールバーグの道徳性の発達段階に照らして，予想される生徒の反応を表1に示した。

表1　価値分析表

不正をしないようみんなを説得すべき	カンニングのことを秘密にすべき
段階1　罰回避と従順志向，他律的な道徳性	
・カンニングがばれると先生や親から厳しく叱られるから。	・カンニングがばれなければ自分が叱られることはないから。
段階2　個人主義・道具的な道徳性	
・カンニングがばれると，関わった人の成績が大きく下げられるかもしれないから。	・自分はカンニングをしないのだから，黙っておけば自分には何の責めもないから。
段階3　良い子志向，対人的規範の道徳性	
・友だちが不正を働くことを黙って見過ごすことはできない。正々堂々と受験すべきだ。	・カンニングは違反行為だということはみんなわかってしていることだから，ばれたらペナルティーを受けるのは当然である。
段階4　社会システムと良心の道徳性	
・不正を働いた者が良い点数を取る社会は間違っている。正々堂々と受験し，その結果については自分で責任を持つべきである。	・一度でも不正を働いて良い点数を取ったら，同じことを続けることになり，いずれは発覚してひどいしっぺ返しを受けることになる。社会は不正を許さないことを理解すべきである。

(5) 学級の実態

　カンニングには個人的な行為と，集団化した行為に大別できる。あなたが担任する学級で集団化したカンニングが発生したとすれば，それはかなり重篤な状態である。この教材を用いて，しっかり考えさせてほしい。

　なお，過去に個人的なカンニングや集団化したカンニング等の事実がある場合，その当事者は心にトラウマを抱えているであろうから，その行為が一方的に責められる授業展開は結果的に心の傷を深くする可能性がある。カンニングをしようとしている（したことのある）生徒に対して，その行為は認められないが，その意図に共感的な理解を示す場面が必要になる。

❸　展開（2時間扱いの授業展開）

●第1次の授業（1.5時間扱いの場合，朝自習等で教材読みと1回目の判断・理由づけのみを行う）

配時	学習活動と主な発問	指導上の留意点
展開前半 10分 〜 25分	1．教材を読み，ジレンマの状況を把握する。	
	2．ジレンマの状況を正確につかみ，誰が何を為すべきか（当為）について考える。 ○登場人物（中心人物）の確認を行う。 　・「僕，正夫」，級友，担任，その他 ○「僕，正夫」の当為（まさに為すべきこと）を明確にする。 　・カンニングに参加するか。 　・カンニングを止めさせるか，黙認するか，密告するか。	・立ち止まり読みをし，ジレンマの状況把握に誤解が生じないよう，状況確認をしっかりすること。 ・当為に関する食い違いが生じないように，板書すること。
展開後半 10分 〜 25分	3．第1回の判断・理由づけを行う。 ・カード記入前に，およその判断傾向を把握する。 ◎僕，正夫は，不正をしないようみんなを説得すべきか。それとも，この秘密計画を他の人には黙っておくべきか。それはなぜか。	・「判断・理由づけカード」に記入するが，ICTを活用して記録することができると第2次の利用が簡単になる。 ・挙手によっておよその判断傾向を把握すると，学習者の意欲も高まる。

●第2次の授業の準備

○1回目の判断・理由づけカードを集計し，判断の対立点と争点を洗い出しておく。

●第2次の授業

配時	学習活動と主な発問	指導上の留意点
導入 10分	1．ジレンマの状況を再度確認し，判断の状況を知る。 〈説得する〉＝○人 〈黙認する〉＝○人	・判断の状況は板書または掲示する。
	2．判断の根拠となっている理由を知る。 〈説得する〉 ・カンニングがばれると先生や親から厳しく叱られるから。 ・カンニングがばれると，関わった人の成績が大きく下げられるかもしれないから。 ・友だちが不正を働くことを黙って見過ごすことはできない。 ・カンニングをせず，正々堂々と受験すべきだ。 〈黙認する〉 ・自分さえカンニングしなければそれでよい。	・キーワードをそれぞれの判断毎に短冊等で示す。（ICT使用可） ・同じキーワードが両方に現れた場合は，そのことをしっかり押さえる。 ・名前カード等を利用したい。 ・判断を留保している場合，名前を中間に貼らせる。

	・自分が何も言わなければカンニングはばれない。 ・自分は関わらないからばれても何の被害もない。 ・不正はいずればれる。後悔は先に立たない。	
展開 前半 15分	3．黒板に示された判断・理由づけに対して，「書き込みカード」に賛成・反対（〇×），質問や意見を書き，発表する。 〇ペア（グループ）討論 〇争点の洗い出し 　・不正を働こうとしている友に対してどうすべきか。 　・自分さえ不正をしなければそれでいいのか。 　・不正を働いて良い点数を取る人がいてもよいのか。	・机間指導をしながら座席シートに簡単な記録を取ると，意図的指名ができる。 ・ペア（グループ）討論の時間は短時間で済ませる。 ・ホワイトボード（タブレット）等に書き出させることも有効。
展開 後半 20分	4．争点について話し合いを深める。 ・カンニングをする人の気持ちがわかるか。（Y） ・不正がばれたらどのような処分があるか。（K） ・学校・学級に対する不満をカンニングで解決できるのか。（N） ・不正を働こうとしている級友を放っていてよいか。（Y）	・役割取得を促す発問（Y），結果を類推する発問（K），認知的不均衡を促す発問（N）でディスカッションを方向づけ，生徒の思考を深める。 ・展開前段で中心的な争点とつながる視点を主として取り上げる。
終末 5分	5．2回目の判断・理由づけを行う。 ◎僕，正夫は，不正をしないようみんなを説得すべきか。それとも，この秘密計画を他の人には黙っておくべきか。それはなぜか。	・判断が変わった生徒は名札を移動し，なぜ判断が変わったのかを確認する。

板書計画

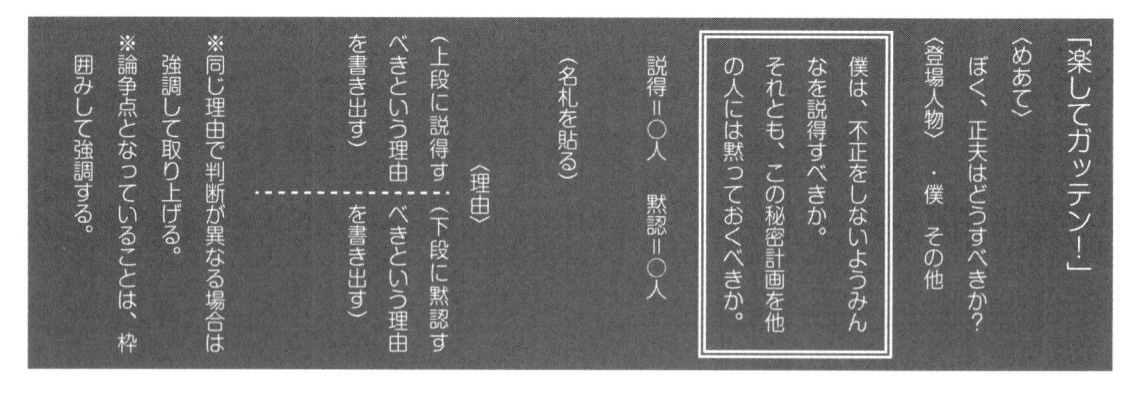

❸　授業を行う上での留意点

　筆者の経験から，中学校2年生の時期は，主題設定の理由に示したとおり，定期試験に対する慣れと，十分な勉強ができていないという不安感が出てくる。そこに，学級や学校生活に対する不満が重なると，集団化したカンニングが起きる場合がある（あった）。

　ところが，そのタイミングを計ったかのように『白紙の答案』という教材を用いた道徳の授業を実施したことで，集団カンニングを未然に防ぐことができた経験がある。この教材は，集団カンニングに誘われて，悩んだあげく，答案を白紙で提出したというものであった。

　モラルジレンマ教材は，判断を生徒に委ねているため，主人公の最終的な行動までは示さないことが一般的である（価値の教え込みを避ける）。ぜひ，生徒たちに議論させていただきたいテーマである。

ワークシート

楽してガッテン！

名前

年　組　番

(1) 書き込みカード

不正をしないようみんなを説得すべき			カンニングのことを秘密にすべき		
理　由	○×	意見や質問	理　由	○×	意見や質問
1．カンニングがばれると，関わった人の成績が大きく下げられるかもしれない。			1．自分が何も言わなければカンニングはばれない。		
2．カンニングをせず，正々堂々と受験すべきだ。			2．不正はいずればれる。後悔は先に立たない。		
3．カンニングがばれると先生や親から厳しく叱られるから。			3．自分さえカンニングしなければそれでよい。		
4．友だちが不正を働くことを黙って見過ごすことはできない。			4．自分は関わらないからばれても何の被害もない。		

(2) 判断・理由づけカード

僕は，不正をしないようみんなを説得すべきか。それとも，この秘密計画を他の人には黙っておくべきか。	
不正をしないようみんなを説得すべき	カンニングのことを秘密にすべき
そう考えた理由は？	

① 文明の消滅〜失われた1万年〜

　先日，ある国の密林の奥地に未開の民族の存在が確認され，キベナ族と名づけられた。この地球上には，このような未開の民族が100以上存在するともいわれており，決してめずらしいことではない。

　随分昔にも，彼らのような未開の部族ウルイウ族が発見され，政府の代表がその地に送られた。政府は，金鉱を求めてやってくる入植者たちとウルイウ族間のトラブルを回避するため，先手を打ってウルイウ族と接触することにしたのだ。

　政府の命を受けた代表者たちは，放浪民族であったウルイウ族の姿を追い続けた。そして，ウルイウ族の真新しい野営地を発見し，自分たちが敵でないことをどうにか示した。しかし，数日後に毒矢で総攻撃されるなど，彼らへの接触は非常に難航した。それでも諦めずに方策を練り続け，ようやく彼らに接触できるようになるまでには，さらに数週間を要したのだった。

　調査の結果，ウルイウ族は，我々の想像をはるかに超える長い年月の間，外部と接触を一切せず，石器時代のような生活をしながら，自分たちの生活様式を確立していた。そのようにして，入植者から自分たちの大地・生活・文化を守ってきたのだ。

　ところが，政府の代表団と接触した瞬間，これまで金属の存在さえ知らなかった彼らが，現代では必需品となっているライターやナイフに興味を示し，実際に手にすることとなった。これが，彼らにとって，現代文明とのファーストコンタクトとなり，これまで止まっていた数千年の時間と文明の進化を，一気に加速させたのだ。それは，すなわち，彼らが守ってきた1万年近い年月を失うことを意味した。そして，彼らは，誰もが想像し得なかったものも手にすることとなったのだ。

　しかし，彼らの未来は利益・利潤を得るだけにとどまらなかった。実は，外部との交流を持って1年も経たぬうちに，彼らにとって未知の病にかかってしまい，部族の大半が死亡したのだ。ウルイウ族がかかったものは水疱瘡と普通の風邪だったのだが，予防接種制度もこのような病に対する免疫もない彼らにとっては，まさに死病であった。それでも生き残った者たちは，定期的に予防接種を受けるなど，政府によって手厚く保護されている。病気を患っている者は，街で治療を受け，必要であれば，治療のために飛行機で遠くまで行った者もいる。

　保護されたウルイウ族のほとんどが，この20年間で，テレビも自動車も大きな街も見ている。時計の使用目的もおぼろげには理解している。当然，長年使っていた太陽の道筋や月の満ち欠けは，現在でもはっきりと覚えている。ただ，今は，昔ほど生き生きとは暮らしていないとい

う。年寄りたちは，白人と戦った昔の話を誇らしげに語った。一方で，当時生まれていなかった若者たちは，自分たちを野蛮な部族と恥じ，都会でブラジル人として生きることが唯一の望みだと考えている。また，話す言葉も，ポルトガル語を好むのだと言う。

　私は，かつての代表団のように，新たに発見された未開の民族キベナ族に接触し，政府と民族の間を仲介するよう政府から要請されている。理由も同じく，今後，この地に足を踏み入れる開拓者たちとキベナ族がトラブルに巻き込まれないようにするためだ。ここで，政府と民族の間に友好関係を確立できれば，今後，この民族が外部の者と戦うことはないだろう。そして，政府によって，国民として扱われ，あらゆる場面で保護されていくのである。一方，先住民族が継承してきた原始的・伝統的な生活や文化については貴重な財産だと政府も認めている。
　私自身は，近代文明に触れたことを発端に起こった過去の例を振り返ると，あれから20年経ち，同じ過ちは繰り返されることはないと思いつつも，キベナ族に接触し，保護することが本当によいのかどうか，わからないのである。

> はたして，私は，政府に代わり，キベナ族に接触するべきだろうか，断るべきであろうか。

◆接触するべき。
◆接触するべきではない。

（吉田　雅子　作）

❶ 「文明の消滅～失われた1万年～」の授業実践

(1) **主題名**「幸福な生活とは」　**教材名**「文明の消滅～失われた1万年～」

(2) **主題設定の理由（ねらい）**

　私たちの身近にある技術は，日進月歩で進化している。その進化に伴い，私たちの生活も発達し，便利で豊かになっていると考えられる。人間がこの世に誕生して以来，たくさんの科学者や技術者はより良い生活や技術を求め，積み重ね発見してきた。そのような技術革新の恩恵を受けつつも，私たちはそのことに気づかないまま生活しているとはいえないだろうか。はたして，物質的な豊かさは，精神的な豊かさと比例するのだろうか。つまり，現在の生活に存在する物や技術を当たり前のこととして考えるのは自然なことであるが，その結果として，私たちが受け継いできた伝統・文化・生活など，気づかないまま失ってしまうことに私たちはどれだけ気づいているのであろうか。そこで，文明や技術の革新と伝統・文化の継承が我々の生活の中では「表裏一体」であるということに気づかせ，真の豊かで幸せな生活について考える機会を与えたいと考え，本主題を設定した。

(3) **教材について（タイプⅠ）**

　1980年代初頭，アマゾンの密林の奥地で石器時代の生活様式を行っていたウルイウ・ワウワウ族が発見された。文明と接触を持ち，鍋やライターなど現代の日用必需品を手に入れた結果，免疫を持たない風邪などの病気も同時に入り込んだため，部族の大半が命を落としてしまう。また，後に，若者は自分たちの部族を野蛮と考え，都会で住むことを望み，数千年維持してきた文化や生活様式を失っていくのである。

　発見からおよそ30年余り経ち，ウルイウ族と同様に，これまで文明と接触を持たなかった民族キベナ族が発見された。政府の代表としてキベナ族に接触するよう要請された私は，過去のウルイウ族の暮らしや伝統文化の衰退を考えた時，キベナ族に接触し保護するべきなのか，それとも，政府からの要請を断り，キベナ族をこれまで通りに暮らしていけるようにするべきなのか悩むのである。

(4) **学級の実態**　（略）

(5) **価値分析表**

　コールバーグの道徳性の発達段階に照らして，予想される生徒の反応を表1に示した。

表1　価値分析表

接触するべき	接触するべきではない
段階1　罰回避と従順志向，他律的な道徳性	
・キベナ族と信頼関係を築く絶好のチャンスである。政府から指示されている。	・キベナ族から非難を受け，攻撃されるかもしれない。
段階2　個人主義・道具的な道徳性	
・キベナ族との友好関係により，地域開発と文化保護をすれば，国もキベナ族も恩恵を受ける。	・政府とキベナ族が交流を持てても，地域開発が急激に進めば，民族は生活を維持できない。
段階3　良い子志向，対人的規範の道徳性	
・文明に出会うことで，キベナ族は生活がしやすくなるだろう。	・キベナ族の文化が壊され，受け継いできた伝統文化（農作や狩猟）が継承できないかもしれない。
段階4　社会システムと良心の道徳性	
・キベナ族に現代の社会正義・法律を持ち込むことでトラブルを減らすことができる。 ・キベナ族の存在に光が当たり，民族の言語，文化，生活様式が解明されれば，様々な場所で受け入れられる一助となる。	・対話とトラブル回避は直結しない。 ・昔のように病気を持ち込んでしまうなど，事前に対処できない問題が起こりうる。 ・世間一般の人がキベナ族の言葉を知ったとしても，実際に使うのは少数であり，意味はない。
段階5　人権と社会福祉の道徳性（社会的契約と法律の尊重）	
・キベナ族と接触を持つことをきっかけに，国が一人ひとりの生活や健康を維持していける。	・キベナ族に存在していた家族や部族のつながりが壊れてしまうかもしれない。

❸　展開（1.5時間扱いの授業展開）

●第1次の授業

配時	学習活動と主な発問	指導上の留意点
展開 20分	1．教材「文明の消滅〜失われた1万年〜」を読む。 2．葛藤状況を理解する。 ○政府の代理人である私が，キベナ族に接触するに当たって，考慮している点は何か。 ○政府がキベナ族に接触した場合，キベナ族が得るものと失うものは何か。	・教材は，教師による範読。
終末 5分	3．最初の判断を下して，その理由づけを記述する。 ◎政府は，この民族に接触するべきだろうか。それとも，このままそっとしておくべきだろうか。それはなぜか。	・1回目の「判断・理由づけカード」への記入を行う。

●第2次の授業の準備

○1回目の判断・理由づけカードの内容を整理し，第2次で用いる書き込みカードを作成する。
○書き込みカードの「理由」部分を，拡大したり，まとめるなどして，共通認識をはかれるようにする。
○1回目の判断・理由づけから，論点になりそうな部分を予想し，発問を準備する。

●第2次の授業

配時	学習活動と主な発問	指導上の留意点
導入 前半 5分	前時の学習活動を振り返る。 葛藤状況の把握を再確認し，道徳的葛藤を明確化する。 ○私はどういうことで悩んでいますか。 ○なぜ，私は迷っているのですか。	・教材をもう一度読ませる。 ・葛藤状況を確認する。 ・前時のワークシートを返却し，前時の 自分の判断・理由づけを確認させる。
導入 後半 7分	クラスでの理由づけを分類整理した「書き込みカード」に自分とは違う他者の考えに気づく。 ○賛成・反対（○×）意見をカードに書こう。	・「書き込みカード」に自分の意見を書き込むことでモラルディスカッションへの準備を行う。
展開 前半 10分	いろいろな理由づけに対して，相互に意見を述べ合い，論点を明らかにしていく。 ○賛成・反対意見を自由に言おう。	・意見が散らばらないように，同じ部分についての意見を発表させるなど，進め方を工夫する。 ・教師は対立点がわかるように生徒の意見を板書する。
展開 後半 20分	論点を絞り，さらに意見を出し合う中で，自分の考えを確かなものにしていく。 ○もし，私が政府からの要請を断り，キベナ族への接触を留まった場合，どのような結果が生じるだろうか。（Y） ○どちらの選択のほうが，キベナ族にとって幸せな生き方だといえるだろうか。（K） ○一人の人間として，どちらの選択のほうが幸せな生き方により近いものといえるだろうか。それは，どのような点を重視しているか。（N）	・役割取得を促す発問（Y），結果を類推する発問（K），認知的不均衡を促す発問（N）でディスカッションを方向づける。 ・順を追ってこれらの発問を行うことで，一般的な視点からより個人の認知的な思考を深めることとなる。
終末 8分	道徳的葛藤の場面で主人公はどうすべきかを再度判断し，自分の最も納得する理由づけを行う。 ◎私は政府からの要請を受け入れ，キベナ族に接触するべき。それとも，留まるべき。それはどうしてか。	・2回目の「判断・理由づけカード」への記入を行う。

❸ 授業を行う上での留意点

　本教材は，短編映画『失われた一万年』（原題『Ten Thousand Years Older』）を基に，作成した。映画では，アマゾン奥地で，石器時代の生活をし，金属の存在を知らなかったウルイウ・ワウワウ族が，文明と接触を持ち，鍋やライターなど現代の日用必需品を手に入れた結果，生活にどのような変化をもたらされたか，が描かれている。実際，免疫を持たない風邪などの病気も同時に入り込んだため，部族の大半が命を落とし，若者は自分たちの部族を野蛮と考え，都会で住むことを望み，数千年維持してきた文化や生活様式を失っていくのである。

　そこで，本教材では，ウルイウ族の事例を紹介しつつ，再度，長年，文明と接触を持ってこなかった架空の民族キベナ族を登場させ，その存在のみ確認されている民族に政府が接触を持つべきか，そうでないかを問い，日々の暮らしの中で最も慈しむべきものは何かに焦点を当てるものとなっている。

文明の消滅 〜失われた1万年〜

名前 _____

年　組　番

(1) 書き込みカード

接触するべき			接触するべきではない		
理　由	○×	意見や質問	理　由	○×	意見や質問
1．キベナ族と信頼関係を築く絶好のチャンスである。			1．キベナ族から非難を受け，攻撃されるかもしれない。		
2．地域開発と文化保護をすれば，国もキベナ族も恩恵を受ける。			2．地域開発が急激に進めば，民族は生活を維持できない。		
3．文明に出会うことで，キベナ族は生活がしやすくなるだろう。			3．受け継いできた伝統文化が継承できないかもしれない。		
4．キベナ族の言語，文化，生活様式が解明されれば，受け入れられる一助となる。			4．病気を持ち込んでしまうなど，事前に対処できない問題が起こりうる。		
5．国がキベナ族の生活や健康を維持していける。			5．キベナ族の家族や部族のつながりが壊れてしまうかもしれない。		

(2) 判断・理由づけカード

接触するべき	接触するべきではない
そう考えた理由は？	

② サマナ湖のバス釣り

対象
中学校2～3年生
内容項目
D－(20) 自然愛護　　C－(10) 遵法精神
C－(11) 社会正義

　島国のA国は，独自の進化をとげた固有の動植物が多く，豊かな自然に恵まれている。特に世界屈指の古代湖として有名なサマナ湖は四百万年の歴史を持ち，九十種を超える固有種をはじめとする多様で豊かな生物で構成される貴重な生態系が見られ，国際的にも重要な湿地としてラムサール条約にも登録されている。国魚の国内最大のフナ「サマナブナ」の唯一の生息湖でもある。しかし，サマナ湖は，現在外来魚「ホワイトバス」という問題を抱えている。

　ホワイトバスはもともと北米原産の淡水魚で全長40～60cmほどに成長する。魚やエビ，昆虫類を主食とする肉食魚である。A国へは1925年食用として養殖のために持ち込まれたが，独特の臭いから敬遠され，食用として流通しなかった。しかし3か所の湖に放流されたホワイトバスは1945年頃には，全国の湖や河川数十か所でその生息が確認されるようになった。

　これはホワイトバスが，疑似餌への食いつきの良さや引きの強さから釣り愛好家の間で話題となり，バス釣りを楽しむ目的で身近な河川や湖に密放流された結果といわれている。バス釣りは主にルアー（疑似餌）を使った「釣る楽しみ」が目的の釣りで，釣り上げた魚をその場で再放流する「キャッチアンドリリース」を前提としている。時の釣りブームの高まりはバス釣り人気をあおり，1990年代にはバスプロによるバストーナメント（賞金がかかったバス釣り大会）の大規模な開催，バス釣りのテクニックを紹介するTV番組の放送，また書店では「バス釣り場ガイド」「バス釣り入門」といった専門誌が並ぶなど，最も人気が高まった。

　ホワイトバスはもともと環境適応力の強い魚であり，人の手によって放流が行われた結果，わずか数十年ほどの間に国中へと生息域を拡大させてしまい，現在では，A国内のほとんどの河川，湖，ため池等でホワイトバスの生息が確認されている。

　無秩序な放流でホワイトバスを代表とする外来魚は爆発的に広がり，在来種の生態系を脅かし，漁業にも被害を及ぼしている。このような外来生物は近隣諸国でも同様の問題を引き起こし，B国ではレジャーとしてのバス釣りを認めながら，ホワイトバスを駆除していく方法をとっている。そのために，外来生物を規制する「特定外来生物による生態系等に係る被害の防止に関する法律」を制定し，自国の固有の生物に深刻な被害を与えたり，人に危害を加えたり，農業や漁業といった産業に悪影響を及ぼす外来生物を規制している。

　特定外来生物に指定されると無許可での飼育，生きたままでの運搬，放流が禁止され，輸入も制限される。法律を破った時の罰則は重く，無許可で飼育していた場合，1年以下の懲役か，日本円にして100万円以下の罰金を払わなければならない。さらにその生物を他人に譲り渡したり，河川に放流したりすれば3年以下の懲役か300万円以下の罰金となる。この法律によっ

てホワイトバスなどの特定外来魚の放流・飼育・生きたままでの運搬を禁止とした。その後，「レジャー利用の適正化に関する法律」を制定し，外来魚駆除の強化を行っている。漁具による捕獲に力を入れ，いったん釣り上げた魚を同じ水域に再び戻すことを禁止（リリース禁止）したり，釣りスポットである湖岸などに外来魚回収ボックスや回収いけすを設置した。また，駆除のための外来魚釣り大会を定期的に開催している。レジャーとしてバス釣りを楽しみつつ，釣ったホワイトバスを外来魚回収ボックスに入れ，バス駆除へとつなげた取り組みである。

　また，C国は，レジャーとしてのバス釣りを全面禁止することでホワイトバスの駆除に取り組んでいる。「特定外来生物の駆除に関する法律」を制定し，漁業関係者には従来の漁業権に加えて，ホワイトバスの捕獲に当たり，すべてを国の買い取りとした。その一方で，レジャーとしてのホワイトバス釣りを全面禁止し，特定外来魚の放流・飼育・生きたままでの運搬・輸入を禁止した。違反者は3年以下の懲役か，日本円にして300万円以下の罰金が課せられる。なお，このC国の取り組みは，在来種の保護活動に力を注いでいる点でも特徴的である。

　1974年にはホワイトバスの生息が確認されたサマナ湖では，1979年にはサマナ湖全域に拡大，1983年頃には大繁殖している。このサマナ湖にはフナ，ウグイ，コイなどの魚をはじめ，サマナブナ，アイモロコなど，サマナ湖固有種が多種生息し，独特の食文化をもたらしてきた。しかし近年これも危うい。コイやアイモロコの漁獲量が減り，ホワイトバスの捕獲が増える一方である。この状況は漁業関係者にとって深刻で死活問題となっている。小エビや稚魚を大量に食べて育つホワイトバス憎しである。これに追い打ちをかけるように，国魚のサマナブナが絶滅危惧種に指定された。ホワイトバスによる稚魚の捕食が原因だとする調査結果も公表された。

　現在のサマナ湖は，休日ともなるとバス釣り客が大勢押し寄せ，バスボートが湖面に浮かぶ。サマナ湖のバス釣り情報，釣ったバスに誇らしげな画像がテレビやネットに流される。バス釣り客相手の商売や企業は少なくない。だが，このままでは国魚サマナブナの絶滅は時間の問題であり，生態系への被害は益々大きくなる。今すぐホワイトバスの駆除に取りかかる必要がある。では，B国のようにレジャーとしてバス釣りを認めながら駆除を進めるのか，C国のように，バス釣りを全面禁止して駆除を進めるのか，行政としてどうするべきか決断を迫られている。

> 生態系保全のために，バス釣りを全面禁止して駆除するべきか，バス釣りを認めながら駆除するべきか。

◆バス釣りを全面禁止して駆除するべき。
◆バス釣りを認めながら駆除するべき。

（大島 聖美　作）

❶ 「サマナ湖のバス釣り」の授業実践

(1) **主題名**「自然環境問題にとりくむ」　　**教材名**「サマナ湖のバス釣り」

(2) **主題設定の理由（ねらい）**

　全国の河川，沼湖で釣りそのものを楽しむために人の手によって肉食の外来魚が放流された。ここサマナ湖でも固有種が減少している。人間の欲望・経済活動と自然環境のバランスの危うさを知り，現在及び未来の自然環境の課題に取り組もうとする道徳的実践意欲を養う。

(3) **教材について（タイプⅡ）**

　自然愛護について考える中で，法やきまりの意義や社会正義についても考えを深める教材である。人が楽しむために人の手によって放流された外来魚により生態系のバランスが変わり，固有種が絶滅に瀕した状態となった外来生物問題から，サマナ湖に関係する様々な人の立場を考えながら，生態系の保全方法を考えさせる教材である。

(4) **学級の実態**　（略）

(5) **価値分析表**

　コールバーグの道徳性の発達段階に照らして，予想される生徒の反応を表1に示した。

表1　価値分析表

バス釣りを全面禁止して駆除するべき	バス釣りを認めながら駆除するべき
段階1　罰回避と従順志向，他律的な道徳性	
・権威ある環境保護活動家の意見や考えに従っておれば間違いない。	・全面禁止では再リリースしてバス釣りを楽しもうとする多くの釣り人から非難を浴びる。
段階2　個人主義，道具的な道徳性	
・バス釣りを許せばバス釣りの楽しさを知り，バス釣り人口を増やしてしまう可能性がある。 ・バス釣り愛好家の中には，バス釣りを楽しみたいばかりに密放流を行う人が出る可能性がある。	・リリース禁止さえ守れば，当分の間はバス釣りを楽しめる。 ・バス釣りを楽しむことは個人の自由であり，その権利まで奪う必要はない。
段階3　良い子志向，対人的規範の道徳性	
・熱心に駆除や在来種の保護活動している人の想いを踏みにじってはいけない。 ・駆除目的であっても，バス釣りそのものを楽しんでしまうことに罪悪感がある。 ・もともと密放流された外来魚であり禁止は当然である。	・バス釣りに関係している企業や職についている人の期待にも沿えるやり方だから。 ・駆除目的を前面に出すなら，誰からも喜ばれるはずである。 ・再リリースせず，回収ボックスに入れることでバス釣りも駆除に役立っている。
段階4　社会システムと良心の道徳性	
・他の魚の釣りを楽しめばいい。バス釣りを我慢することが，環境保全につながればよい。 ・固有種が絶滅してからでは手遅れになるから，より厳しい対応策が必要。 ・レジャーとしてのバス釣りよりも，生活としての在来魚を対象とした漁師の権利を重視すべきである。	・駆除を目的とした釣り大会の開催は多くの人からの理解が得られ，固有魚保護，環境保護に弾みがつく。 ・外来魚のバス釣りだけを禁止しても，生態系の問題は解決しない。保護活動にこそ力を入れるべきだ。 ・外来魚の問題に目を向け目的意識を持った釣り人が増えることで，他の自然環境問題にも関心が高まる。

❷ 展開（2時間扱いの授業展開）

●第1次の授業

配時	学習活動と主な発問	指導上の留意点
導入 5分	1．日本における特定外来生物を尋ねる。	外来魚に限らない。カミツキガメ，マングース，アライグマ，ウチダザリガニ等。
展開 40分	2．モラルジレンマの提示。 3．状況の共通理解と道徳的葛藤の明確化。 ○A国の自然環境，固有種の状況を確認。 ○ホワイトバスが全国的に生息域を広げた経緯を確認する。 ○B国とC国それぞれの対応策の違いを確認する。 ○サマナ湖のバス釣りの現状について。	・教材を範読する。 ・ホワイトバスが全国に生息域を広げた理由に人の手による放流がある。 ・放流，飼育，生きたままでの移動，輸入の禁止。 ・リリース禁止，外来魚回収ボックス。 ・罰則の確認。
終末 5分	4．第1次の判断・理由づけを行う。 ◎生態系保全のために，バス釣りを全面禁止して駆除するべきか，バス釣りを認めながら駆除するべきか。	判断・理由づけカードに記入させる。記述の時間をしっかりとる。

●第2次の授業

配時	学習活動と主な発問	指導上の留意点
導入 5分	1．教材を読み，葛藤状況を再確認する。	・前時のワークシートへの記入を確認させる。
展開 40分	2．自己の価値選択の再確認と他者の価値選択の検討。 3．自己と他者の考え方の相互批判・吟味。 （ディスカッション1） ○バス釣り人，漁業従事者，バス釣り関連の仕事従事者，サマナブナの保護活動家等の立場から考える。 ○バス釣りの目的について考える。 4．自己と他者の考え方の相互の練り合わせ。 （ディスカッション2）	・学級全員の理由づけを分類したカードに自分の賛成・反対（○×）意見や質問を書き込む。 ・「サマナ湖の生態系の保全」という視点で意見を述べ合う。
終末 5分	5．主体的な価値選択（第2回の判断・理由づけ） ◎生態系保全のために，バス釣りを全面禁止して駆除するべきか，バス釣りを認めながら駆除するべきか。	自分の最も納得する理由づけをカードに書く。

板書計画

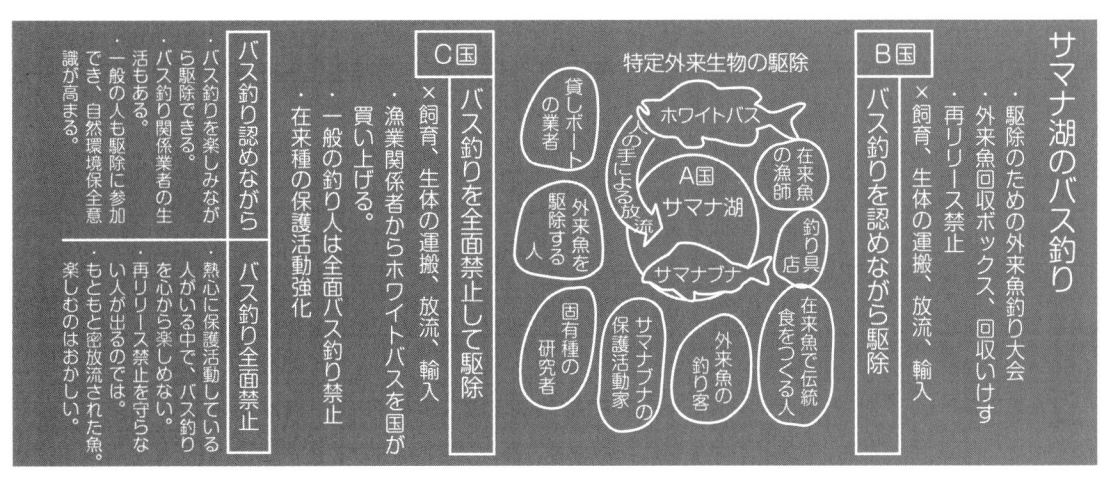

❸ 授業を行う上での留意点

　特定外来生物の問題は，深刻であると同時に大変難しい問題である。今回のサマナ湖のホワイトバスの事例は，架空の話であるが，現実問題として日本でも同様の問題が起きている。

　問題となっている外来魚はほとんど食用とされず，バス釣りを楽しむ目的で放流が繰り返された。バス釣りはキャッチアンドリリースを基本とし，強い繁殖力によって生息数を増やした。生息場所が限られていた時期であれば，完全駆除という方法もとれただろうが，現在はすべての都道府県へと生息域は広がり完全駆除は不可能に近い。国の対策としては「特定外来生物による生態系等に係る被害の防止に関する法律」を制定し，飼育，放流，生きたままの移動を禁止し，輸入に制約をかけた。しかしレジャーとしてのバス釣りは禁止しておらず，釣り上げた特定外来魚のリリース禁止の判断は都道府県に委ねられている状況である。固有種を対象とした，漁業従事者や伝統食を守るために，駆除に力を入れている地域もあれば，外来魚を漁業権魚種として登録し，定期的な放流と，遊漁料の徴収によって，バス釣りを集客手段としている数少ない地域もある。このように，特定外来生物の問題はそれぞれの地域によって状況が異なることから，より複雑な問題となっている。

　滋賀県の場合を紹介しよう。「外来魚釣り上げ名人」を目指しませんか？と，琵琶湖固有の魚を脅かすブラックバスやブルーギルの駆除に釣り人の協力を仰いで，一定期間の釣果に応じて10の段位を認定する事業を2016年5月から始めている。個人なら300kg，団体なら500kg以上で名人となり，3年連続認定で殿堂入り，継続して参加をしてもらうことで駆除を促進したい考えである。琵琶湖固有のホンモロコやゴロブナを食べる外来魚は2013年の推定生息量で916ｔ。駆除対策が功を奏してピークだった06年の1914ｔから半減したが，目標の600ｔにほど遠い。

　そこで県が注目したのが，釣り愛好家だ。03年に条例でリリースを禁じたが，「キャッチ・アンド・リリース」の精神で湖に返す人も多い。こうした人にも理解を広げられ，普段は釣りをしない人の参加も期待できる取り組みとして事業が計画された。希望者は県に登録し，魚の回収袋や報告用紙を受け取り，釣り上げ量を記録する。魚は湖岸沿いに設置された回収ボックスかいけすに入れ，回収員が定期的に計測。(2016年7月7日付け，神戸新聞)。

・外来生物が在来生物に食害を及ぼすという理由で，生物の命を大量に絶っていいのか。
・レジャーとしてのバス釣りの権利と，生活の糧としての漁業の権利をどう捉えるのか。
・すでにバス釣りに関係する仕事で生計を立てている人たちの生活をどう考えるのか。
・すでに外来魚等を資源として活用している地域がある事実をどう考えるか。

　このように様々な課題を抱えている問題だが，今回は外国での架空の話として特定外来魚問題と向き合うことで，身近な生態系や特定外来生物の問題へと関心を寄せてもらいたい。

ワークシート

サマナ湖のバス釣り

名前 _____ 年　組　番

(1)　書き込みカード

バス釣りを全面禁止して駆除するべき			バス釣りを認めながら駆除するべき		
理　由	○×	意見や質問	理　由	○×	意見や質問
１．ばれなければいいとリリースしてバス釣りを楽しむ人が出てくる。			１．バス釣り関係者からの反発がある。		
２．バス釣りの楽しさを知り，バス釣り人口が増え密放流の可能性が高まる。			２．リリース禁止を守ればバス釣りを楽しめ，釣りの権利を奪う必要はない。		
３．熱心に駆除や在来種の保護活動をする中でのバス釣りは罪悪感がある。			３．リリースせず，回収ボックスに入れることで少しでも駆除に役立つ。		
４．レジャーとしてのバス釣りより，生活する漁業者の権利を重視する必要がある。			４．駆除目的の釣り大会を開催することで外来魚問題に関心が持たれる。		

(2)　判断・理由づけカード

バス釣りを全面禁止して駆除するべき	バス釣りを認めながら駆除するべき
そう考えた理由は？	

....
....
....
....
....
....
....
....
....
....

③ 登録抹消？ ドレスデン・エルベ渓谷

　ドレスデン・エルベ渓谷は，ドイツ東部のエルベ川のほとりにある地域である。ドレスデンの旧市街は，第二次世界大戦中に徹底的な爆撃を受け，ほぼ廃墟と化した歴史を持つ。その後，市街の復興と歴史的な建造物の再建を市民・行政が一丸となって進めてきた。そのため，豊かな自然の中に産業革命期の鉄橋や鉄道，造船所などが残された美しい景観から2004年に世界文化遺産に登録された。

　世界文化遺産については，日本でも近年，「富士山」2013年，「富岡製糸場と絹産業遺産群」2014年，「明治日本の産業革命遺産」2015年，と立て続けに登録がなされ話題となった。

　ところが，世界文化遺産としてのドレスデンには1つの大きな問題があった。慢性的なドレスデン市内の交通渋滞緩和のため計画された全長635メートル，4車線からなるヴァルトシュレスヒェン橋の建設問題である。

　下の略地図を見てほしい。ドレスデンの中心市街地には3本の橋が架けられている。このうち，アウグスト橋はイベント開催などによる通行止めが多いため日常の経路としてはあてにできない。アルバート橋から東にはしばらく橋がない。次は，「青い奇跡」と讃えられるロシュヴィッツ橋になるが，1893年完成のこの橋は，重量制限を設けなければならないほど老朽化してしまっている。

　そこで，アルバート橋−ロシュヴィッツ橋間の橋のない区間にヴァルトシュレスヒェン橋が計画されたのである。橋の建設それ自体は，すでに1994年の時点でドレスデン市議会において決定していたが，世界文化遺産登録による観光客の増加により，渋滞問題はさらに悪化するのではないかと心配された。様々な手続きを経て10年後2004年2月に計画が確定した。

　ところが，同年4月環境保護団体が，希少種であるキクガシラコウモリの保護を理由として建設差し止めの裁判を起こす。続いて，6月の市議会選挙で建設反対派が過半数を占めると，9月には，建設を始めるための手続

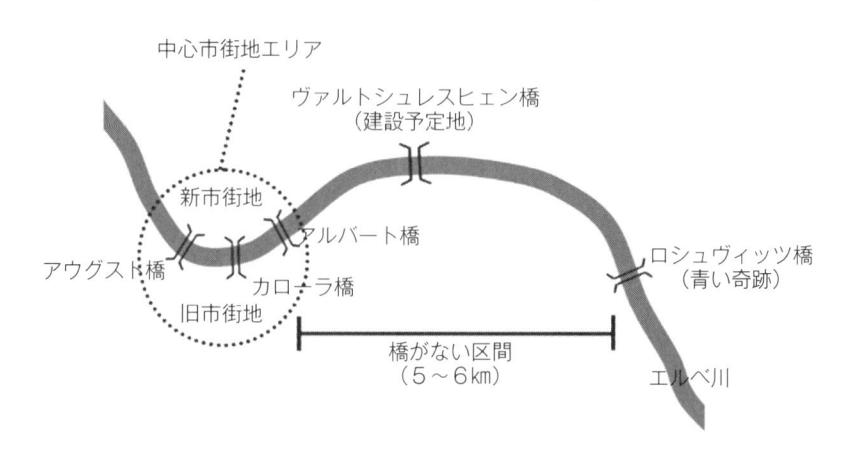

中心市街地エリア

ヴァルトシュレスヒェン橋
（建設予定地）

新市街地
アルバート橋
アウグスト橋
カローラ橋
旧市街地
ロシュヴィッツ橋
（青い奇跡）

橋がない区間
（5〜6km）

エルベ川

きが停止される事態となった。これに対し，建設賛成派は橋建設の是非を問う住民投票を計画した。ドレスデンのあるザクセン州では，住民投票の結果は3年間法律と同じ効力をもつとされている。そして，2005年2月住民投票が実施され，賛成派が67.9%を占めて勝利したため，市議会は再び建設計画の再開を決定した。

　この結果に，世界遺産を認定するユネスコから警告が寄せられた。2006年に開催された世界遺産委員会で，橋の建設が世界遺産の景観を損ねるとしてドレスデン・エルベ渓谷の「危機遺産リスト」への登録が決議された。そして，橋が建設された場合は，世界遺産からの抹消を検討するというのである。

市議会は，住民投票の結果に従い，世界遺産から抹消されても橋を建設すべきか。それとも建設をやめるべきか。

◆橋を建設するべき。
◆橋の建設をやめるべき。

（森川 智之　作）

【参考】
青い奇跡：ロシュビッツ橋の異名。全長280メートル。1893年7月15日完成。鉄骨構造のこの橋は，当初は緑色に塗装されたものが次第に現在のような青色に変わったと伝えられている。第二次世界大戦末期，ナチスドイツによる爆破を免れたドレスデン唯一の橋である。
危機遺産リスト：正しくは，「危機にさらされている世界遺産」。世界遺産に登録されているもののうち，世界遺産としての意義を揺るがすような何らかの脅威にさらされているもの，あるいはその恐れがあるものの一覧。前述の脅威が去ったと判断されればリストからは除外される。逆に，危機にさらされた結果，世界遺産としての価値が失われたと判断されれば，世界遺産から削除される可能性もある。2015年現在，実に43遺産が，紛争や保存計画の不備などを理由にリストアップされている。

【参考文献】
七澤利明　2010　ドイツ・エルベ川における橋の建設と世界遺産タイトルの抹消についての調査～世界遺産の保持，環境保全，住民投票と建設事業に関する一連の動き～　国土交通政策研究　第89号

❶ 「登録抹消？　ドレスデン・エルベ渓谷」の授業実践

(1)　**主題名**「文化財の保護とは」　　**教材名**「登録抹消？　ドレスデン・エルベ渓谷」

(2)　**主題設定の理由（ねらい）**

　昨今我が国でも世界遺産登録熱が高まっている。人類が共有すべき普遍的価値を持つと評価されることは名誉なことではあろう。しかも，登録により観光客が増え，遺産の維持にかかる費用の捻出に寄与することもあろう。しかし，遺産の保護に固執するあまり住民の生活が圧迫されたり，観光客の増加が遺産の保全に悪影響を及ぼしたりする例もある。

　ドレスデン・エルベ渓谷は，数少ない「抹消された世界遺産」の1つである。そこにいたる経過の中で生じたであろうドレスデン市民の葛藤を追体験しながら，文化財保護の在り方について考えるのに最適と考え，本主題を設定した。

(3)　**教材について（タイプⅠ）**

　本教材は，渋滞に悩まされるドレスデン市民が様々な議論を経て最終的に「住民投票」という民主的な方法を経て建設を決定したヴァルトシュレスヒェン橋を中心に展開する。世界遺産とされた風景に愛着を持ちながらも日々の利便性も大切にしたいという人々の思いと世界遺産に留まりたいと考える人々の思いとの間の葛藤を描く。建設賛成という住民投票の結果と建設実行ならば登録抹消とのユネスコの勧告を受けたドレスデン市議会は，橋の建設を進めるべきか，断念するべきか。

(4)　**学級の実態**　（略）

(5)　**価値分析表**

　コールバーグの道徳性の発達段階に照らして，予想される生徒の反応を表1に示した。

表1　価値分析表

橋を建設するべき	橋の建設をやめるべき
段階1　罰回避と従順志向，他律的な道徳性	
・計画を進めないと，ドレスデンの人々から非難されるから。	・建設を進めると世界遺産登録を支持する人々から非難されるから。
段階2　個人主義・道具的な道徳性	
・渋滞が緩和されてドレスデンに住む人々が便利になるから。	・世界遺産への登録が存続すれば，観光客が増えてドレスデンが活気づくから。
段階3　良い子志向，対人的規範の道徳性	
・世界遺産への登録は名誉なことではあるが，そのために住民が生活上の不便を強いられてはいけないから。	・世界遺産に登録されることで，世界中にドレスデンの良さを理解してもらえるから。また，それによって保護も進むから。
段階4　社会システムと良心の道徳性	
・当事者が長年議論を続けた上で，最終的に住民投票という正当な意思決定過程を経て得た結論だから。	・登録抹消という事態を招けば，世界遺産の意義にまで大きな負の影響を与えることになるから。

❷ 展開（2時間扱い及び1.5時間扱いの授業展開）

●第1次の授業（1.5時間扱いの場合は，第1次を行わず，朝自習や宿題で各自教材を読み，1回目の判断・理由づけを行う。）

配時	学習活動と主な発問	指導上の留意点
展開 45分	1. 教材「登録抹消？　ドレスデン・エルベ渓谷」を読む。	・立ち止まり読みを用いることにより，教材に描かれている状況を確実に把握させる。
	2. 葛藤状況を理解する。 ○第二次大戦からの復興はどのように進められたか。 ○ヴァルトシュレスヒェン橋はなぜ建設が計画されたのか。 ○橋建設の是非をめぐる住民投票はどのような経緯で行われたか。	・切実感を際立たせるようにする。 ・利害関係の対立を意識させる。 ・希少種保護の立場については，ここではそれほど深入りさせない。
終末 5分	3. 最初の判断を行い，その理由づけを記述する。 ◎ドレスデン市議会は，住民投票の結果に従い，世界遺産から抹消されても橋を建設すべきか。それとも建設をやめるべきか。	・1回目の「判断・理由づけカード」への記入を行わせる。

●第2次の授業の準備

○1回目の判断・理由づけカードの内容を整理し，第2次で用いる書き込みカードを作成する。
○書き込みカードの「理由」部分を拡大したものを黒板掲示用に作成する。
○1回目の判断・理由づけから，論点になりそうな部分を予想し，発問を準備する。

●第2次の授業

配時	学習活動と主な発問	指導上の留意点
導入 前半 5分	葛藤状況把握の再確認をし，道徳的葛藤の明確化を行う。 ○ドレスデン市議会は，どのような問題を抱えていましたか。 ○問題化した理由として，どのようなことが考えられますか。	・葛藤状況を確認させる。 ・前時のワークシートへの記入内容を確認させる。
導入 後半 10分	学級全員の理由づけを分類した「書き込みカード」に自分の意見を書き込むことにより，自分とは違う他者の考えに気づく。 ○賛成・反対（○×）意見をカードに書きましょう。	・「書き込みカード」に自分の意見を書き込むことで討論への準備を行わせる。 ・発言が苦手な生徒の意見表明の場とする。
展開 前半 15分	様々な理由づけに対して相互に意見を述べ合い，論点を明らかにしていく。 ○賛成・反対意見を自由に言おう。	・書き込みカードの「理由」の部分を拡大して黒板に掲示する。 ・意見が散らばらないように，同じ部分についての意見を発表させる等，進め方を工夫する。 ・教師は対立点がわかるように生徒の意見を板書する。
展開	論点を絞り，さらに意見を出し合う中で，自分の考	・役割取得を促す発問（Y），結果を類

後半 15分	えを確かなものにしていく。 ○もし，橋建設を中止した場合，どのような結果が生じるだろうか。（K） ○もし，橋建設を中止した場合，計画に反対した人々はただ喜ぶだけだろうか。（Y） ○もし，橋建設を実施し，ユネスコの勧告通り登録抹消されたら建設に賛成した人々は，どう思うだろうか。（Y） ○市民の代表である市議会は，様々な意見がある場合，どのようなことに一番重きを置いて決定を下すべきか。（N） ○世界遺産であるがために渓谷が荒れることはないか。（N） ○世界遺産を守れなかった者たちという評価を受けても橋を建設するのか。（N）	推する発問（K），認知的不均衡を促す発問（N）でディスカッションを方向づけ，生徒の思考を深める。 ・左記の発問をすべて用いるのではなく，ディスカッションの流れに応じて適宜用いる。
終末 5分	道徳的葛藤の場面でどうすべきかを再度判断し，自分の最も納得する理由づけを行う。 ◎ドレスデン市議会はどうするべきだろう。（H）	・2回目の「判断・理由づけカード」への記入を行う。 ・板書を参考に，納得できる意見を取り入れるよう指示する。

第2次の板書計画

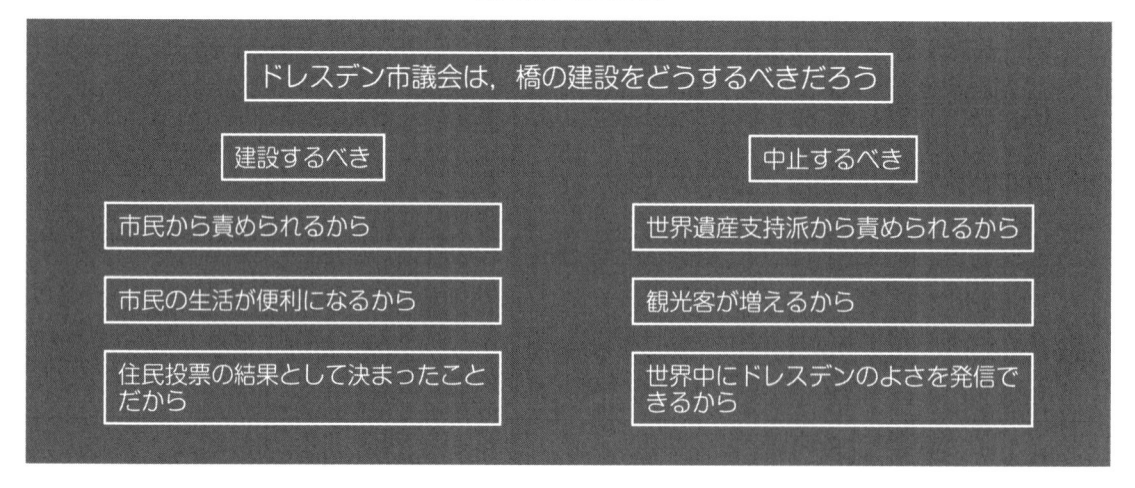

❸　授業を行う上での留意点

　本教材では，世界遺産としての景観保護と渋滞緩和（生活上の利便性）との間の葛藤を描いている。これだけでは，どうしても単純に景観保護のほうに傾いてしまう。そうならないように，ドレスデンの人々がどのような思いで第二次大戦からの復興に挑んできたか，だからこそこの景観を最も大切に思っているのは誰なのか。そして，世界遺産であるがゆえに荒廃してしまうリスクはないか，という点について検討させたい。

登録抹消？ ドレスデン・エルベ渓谷

まっしょう

けいこく

名前

年　組　番

（1）書き込みカード

橋を建設するべき			橋の建設をやめるべき		
理　由	○×	意見や質問	理　由	○×	意見や質問
1．建設しないことにすると市民から責められるから。			1．建設することにすると世界遺産支持派から責められるから。		
2．市民の生活が便利になるから。			2．観光客が増えるから。		
3．住民投票の結果として決まったことだから。			3．世界中にドレスデンのよさを発信できるから。		

（2）判断・理由づけカード

橋を建設するべき	橋の建設をやめるべき
そう考えた理由は？	

④ 残された水

「嵐に遭い客船が遭難してから，どれくらい経ったのだろうか。」

マイクは，遭難時に偶然身につけていた腕時計に目をやった。時計の針は午後2時を指している。午後の日差しが容赦なくマイクに襲いかかる。遭難から数日，真夏の空に雲を見た記憶はない。今のところ，これからも雨が降る気配はなさそうだ。

「楽しいバカンスのはずが，なぜこんなことに……。」

マイクの横でうなだれているジョンが呟いた。地元では名医として有名な彼もまた，バカンスを利用して客船に乗り合わせたらしい。定員6名の救命ボートには，マイクとジョンの他に男子学生が3人乗っている。大学の卒業旅行で友人と世界旅行をしている最中に，今回の事故に巻き込まれたらしく，残りの友人の安否は一切分からない。遭難した直後に，救命ボート備えつけの食料や水とともにそれぞれの鞄に詰められていた水や食料を出し合い，栄養士の資格を持っているマイクがそれらを管理してきた。しかしそれももうじき底をつきそうだ。いつ助けが来るかもわからない中，ボート上は重苦しい空気に包まれていた。

ある朝，マイクが目を覚ますと，男子学生の一人であるロイの様子がおかしいことに気づいた。顔色は真っ青になり，高熱により意識が朦朧としているようだ。遅れて異変に気づいた友人2人は，ロイのもとに駆け寄った。

「ロイ，大丈夫か！　しっかりしろ！」

友人に聞いたところ，ロイはもともと持病を患っていたらしく，度重なる疲労と栄養不足で重症化したようだ。医師であるジョンの見立てによると，病状は最悪のレベルにまで進行し，たとえこの後に助けが来て十分な治療が受けられたとしても，助かる見込みはほとんどないらしい。

「水を……水をください……」

息も絶え絶えにロイがうめく。最後に水を配ったのは昨日の夜だ。それも口を湿らせる程度でしかない。誰もが経験したことがない喉の渇きを感じていたが，いつ助けが来るかわからない状況では一滴も無駄にはできない。次に水を配るのは，夜の予定だ。

「ロイがこんなに苦しんでいるんです。どうか，水を飲ませてやってください。」

友人たちは必死にマイクに訴える。マイク自身も，目の前で苦悶の表情を浮かべるロイを見ていると，すぐにでも水をあげたいのは山々だ。しかし……。

マイクが葛藤に苦しんでいると，ボートの端からジョンの呼ぶ声がした。

「マイク，ここでロイに水を飲ませたところで，どうせ彼は助からないよ。貴重な水だ。助

からない者に飲ませるよりも，少しでも生きる可能性が高い他の４人で分けたほうがいいと思わないか。」

　マイクは迷った。確かに，ジョンの言う通りにすれば，自らも含めた４人が助かる見込みは高まる。最初に決めた計画通りにいくのなら，ここでロイに水を渡す必要はない。しかし，目の前ではロイが苦しさに顔を歪めながら水を求めている。夜までには，まだ半日以上もある。

> マイクはロイに水を飲ませるべきか。

◆水を飲ませるべき。
◆水を飲ませるべきでない。

（井原　武人　作）

❶ 「残された水」の授業実践

(1) **主題名**「人間の尊厳について考える」　　**教材名**「残された水」

(2) **主題設定の理由（ねらい）**

　ここでは生命の尊さと社会における正義の在り方について，人間の尊厳という観点から多角的に考えることをねらいとした。本教材では，「人間は尊厳が守られる存在であるため，如何なる場面でも生命は尊重されるべきである」と，「だからこそ，一人でも多くの生命を助けるために，時には非情な判断が必要となる場面もある」という道徳的な価値葛藤を，如何に解決していくかが問題にされている。

(3) **教材について（タイプⅡ）**

　医師であるジョンと，苦悶の表情で苦しむロイ（及びその友人）の主張には，それぞれ正当な根拠がある。一人でも多くの命が助かる道を選ぶべきだとする根拠と，如何なる場面でも人間の尊厳を守らなければならないという根拠である。主人公マイクはそれぞれの言い分に耳を傾けつつも，最終的には自らが決断を下すという葛藤に苦しむ。マイクは，目前で苦しむロイに水を飲ませるべきなのか。それとも，ジョンの言う通りに一人でも多くの生命が助かる道を選ぶべきなのだろうか。

(4) **価値分析表**

　コールバーグの道徳性の発達段階に照らして，予想される生徒の反応を表1に示した。

表1　価値分析表

水を飲ませるべき	水を飲ませるべきでない
段階1　罰回避と従順志向，他律的な道徳性	
・ロイやロイの友人に責められると心苦しい。	・ジョンにほめられて嬉しい。
段階2　個人主義・道具的な道徳性	
・ロイに感謝され，後々世間からも賞賛を受けられるかもしれない。 ・助かっても世間に非難されるかもしれない。 ・全員が助かれば，判断した自分は英雄になれる。	・より多数を死の危険に晒し，結果として多くの死者を出し，その家族から厳しい非難を受ける。 ・今後の救命ボートにおける生活の中で，自分が優位な立場に立てる。
段階3　良い子志向，対人的規範の道徳性	
・目の前で苦しんでいる人を助けるのは当然。 ・ロイの立場なら，見捨てられたくないに違いない。	・助からない命より，助かるかもしれない命を優先。 ・ロイもその家族も，理解してくれるに違いない。
段階4　社会システムと良心の道徳性	
・誰の命も平等であり，対等な人格を持っている。 ・可能性のある命を見捨てるわけにいかない。	・こうした非常事態では，殺人には該当しない。 ・水の配付時期は，厳格に守り抜くべきである。

❷ 展開（1時間扱いの授業展開）

配時	学習活動と主な発問	指導上の留意点
導入 10分	・教材を読み，全体の流れをつかむ ・最初の判断を行う。 ◎「マイクはロイに水を飲ませるべきか。」	・各自で黙読の後，授業者による範読を行う。 ・ワークシートを用いて，率直な自分の考えをまとめる。 ・2色コーンを用いて，生徒同士で各々の意見がわかるようにする。
展開 前半 10分	・互いの立場をとる根拠を述べ合う。 「なぜ飲ませるべき（もしくは飲まさないべき）だと考えたか。」	・ここでは深く議論させず，互いの立場において多い意見を板書にまとめていく。
展開 後半 25分	・論点を絞り，さらに深い意見を出し合う中で，自分の考えと他者の考えをすり合わせていく。 ○もし水を飲ませた場合，どのような結果が生じるだろう。 ○もし水を飲ませなかった場合，どのような結果が生じるだろう。 ○個人としての人間の尊厳と，結果的な全体の利益は，どちらが優先されるべきなのだろう。 ○自分の中で何よりも優先すべきものは何だろう。また，その理由は何だろう。	・生徒同士で議論が進むよう，授業者は対立点が明らかになるように板書に要点をまとめ，議論を進める役割に徹する。 ・意見を出し合う中で自分の意見が変わった場合は，コーンの並べ方で表示する。（変わらない場合は重ねておいて，途中で意見が変わった場合は横に並べる等） ・発問のすべてを用いるのではなく，議論の流れと深まりに応じて適宜用いる。 ・教材中の結果を類推する発問から，認知的不均衡を促す発問に発展させていき，最終的には個人内の倫理的原理を他者とすり合わせるよう促す。
終末 5分	・マイクはどうすべきか，再度判断し自分で納得のいく理由づけを行う。 ◎「マイクはロイに水を飲ませるべきか。」	・板書を見ながら，自分の考えをワークシートにまとめる。

❸指導を行う上での留意点

　本教材は，生命の尊さと社会における正義の在り方について，人間の尊厳という観点から多角的に考えることをねらいとしている。はじめに，生徒がこれまでの人生で培ってきた道徳的価値観による率直な考えを出し合う。学級で出し合った考えの中には，自分にとって納得のいくものもあれば，そうでないものもあるだろう。そこから，互いに意見をぶつけ合いながら議論を深めていく。自分の考えや他者の考えを，ある種メタ認知的に吟味しながら，自己に内在する内的準拠枠を再構築する，あるいはその枠組みの幅を広げる作業を重ねていく。それらの能動的かつ共同的な活動を通して，自分が本当に大切にしている生き方は何であるのか，また隣にいる他者はどうなのかを再認識し，人間の尊厳と社会正義について考えを深めていきたい。具体的には，展開後半で以下のような発問で論点を絞って議論を深める。

①　もし水を飲ませた場合，どのような結果が生じるだろう。

②　もし水を飲ませなかった場合，どのような結果が生じるだろう。

③　個人としての人間の尊厳と，結果的な全体の利益は，どちらが優先されるべきなのだろう。

④　自分の中で何よりも優先すべきものは何だろう。また，その理由は何だろう。

　①・②は教材中における結果を類推する発問である。人間の尊厳と社会的正義の実践について，自分がこれまでの経験から直感的に選択した行為が，如何なる結果を招くのかを考えることで，次なる発問にとりかかる土台となる。③・④は，教材から離れた抽象的な発問である。ここでは，自己の考えをまとめることに止まらず，他者の考えを共感的に受け入れ，互いの考えをすり合わせることで，生徒各々の内的準拠枠が広まるよう授業を進めたい。

　最後に，最終的な判断と理由づけを行う。自己と能動的に向き合い，他者と共同的に考えを深めることで，道徳的価値観がどのように再構築されたかをまとめることで，改めて人間の尊厳と社会的正義の実践について考えさせたい。

ワークシート

残された水

名前

年　　組　　番

◎最初の判断「マイクはどうすべきか」

（　　水を飲ませるべき　・　水を飲ませるべきでない　）

【理由】

◎どのような結果を招くか

水を飲ませた場合	水を飲ませなかった場合

◎自分はどちらを優先するか

（　　ロイの望みを叶（かな）えること　・　一人でも多くの命が助かること　）

【理由】	【参考になった他者の意見】

◎最終判断「マイクはどうすべきか」

（　　水を飲ませるべき　・　水を飲ませるべきでない　）

【理由】

◎この時間で考えたこと（自分は何を優先するか）

⑤ 夢のリンゴ作り

　青森県のとある田舎町で，600本ものりんごの木がある農園を営む若い夫婦がいました。このりんご畑は，若い夫婦にとって，お嫁さんのお父さんから受け継いだ，とても大切なものでした。だからこそ，2人は毎年おいしいりんごがとれるように，一生懸命働きました。

　りんご栽培はとても難しいといわれており，繊細なりんごの木を病害虫被害や病気から守るためには，年に数回，農薬をまく必要がありました。農薬のおかげで，毎年，安定的にりんごを収穫することができました。しかし，農薬の人的被害はすさまじく，農薬後の手は真っ赤になってヒリヒリし，お嫁さんに至っては数日間，寝込むほどの農薬被害に苦しみました。そんなお嫁さんの様子を見かねておじさんは，100年以上不可能といわれ続けてきた「無農薬リンゴ栽培」に挑戦する意志を固めました。お米や野菜などの無農薬栽培には，たくさんの研究成果が専門書に残されており，その実現方法も示されていましたが，繊細なリンゴ栽培に関しては，未だかつて誰も挑んだことがなく，世間では「絶対不可能」とさえ考えられていました。

　無農薬栽培に関する専門書を読みあさり，研究に励んでいく中で，「無農薬リンゴ栽培」は，いつしかおじさんの「夢」になっていきました。そして，「無農薬リンゴ栽培に挑戦する！」と覚悟を決めてからは，リンゴの木に虫がつき，病気も出て弱っていく様子を目の当たりにしながらも，農薬をまくことを一切しませんでした。その結果，お父さんから譲り受けた大切なりんご畑は崩壊し，間もなく，周辺の農家のりんごの木にも虫がつき，病害虫被害が起こり始めました。被害を受けた周りの農家の人たちからは，「そっちの畑から虫が飛んできて困るんだ。ちゃんと薬をまいてくれっ！」と，毎日のように苦情が飛び交いました。しかし，まっすぐに自分の「夢」を追い続けるおじさんは，自分の行為が周囲への「迷惑行為」へとつながっていることも見えなくなってしまうほどに，夢に夢中になり，「無農薬リンゴ栽培」の実現に向けて，牛乳や酢，ねぎのしるをまいてみるなど，農薬のかわりになるものを無我夢中に探し続けていました。

　1年，2年，3年……。自分の「夢」だけを最優先に考えるおじさんの生き方に，近所の農家の人たちの我慢もとうとう限界に達し，いつしかおじさんの味方をする農家は誰もいなくなっていました。そしてまた，おじさん家族の生活面においても，リンゴが1つもとれないため，貧窮状態に達しました。自家用車や農業用のトラクターなど，お金になるものはすべて売り，親戚からもお金を借り，おじさん一家は食べていくことも苦しいほど貧窮の底に追い込まれていました。小学生の3人の娘には，学用品すらも買ってやれず，鉛筆が短くて持てなくなると，2本の鉛筆をセロハンテープでつないで使わせ，消しゴムは1つを3等分していました。靴下

が破れても買えず，ツギをあてていました。おじさんは，家族にどんな貧しく，苦しい思いをさせても，「無農薬リンゴ栽培」の「夢」を実現するという信念を曲げませんでした。水田ではお米を作り，リンゴ畑の隙間では野菜を作って，暮らしを支えました。

　そして6年が過ぎたころから，近所の人たちから白い目で見られている「苦痛」，それにじっと耐えることの「孤独」や「つらさ」，家族をどん底生活に追いやっている「罪悪感」，さらには，自分の「夢」は不可能かと思い悩む「絶望感」で，毎日を苦しみ，悩む中で生活していました。精神的に追い詰められたおじさんは，絶望のどん底の中で，山中をさまよい歩いていました。

　そんな時，おじさんは森の中で元気よく生い茂る自生の1本のくるみの木に見を奪われました。樹木は枯れることなく，害虫も発生していません。このくるみの木を見て，もしかして，雑草を刈らず，伸び放題にすることが，木々を大きく育てるための土壌作りになっているのでないか，リンゴ畑と同じでないかという考えがよぎりました。

　でもいつまで待てばリンゴが育つ土壌に変わってくれるのか，これから何年かかるかわかりません。これから何年も，おじさんは自分の夢のために家族を犠牲にできるのですか？

> おじさんは，このまま無農薬リンゴ栽培の夢に挑戦し続けるべきでしょうか。それともここで夢をあきらめて，無農薬リンゴの栽培をやめるべきでしょうか。

◆夢に挑戦し続けるべきである。

◆夢をあきらめ，やめるべきである。

（田中　真理子　作）

❶ 「夢のリンゴ作り」の授業実践

(1) **主題名**「夢と希望」　　**教材名**「夢のリンゴ作り」

(2) **主題設定の理由（ねらい）**

　大きな夢を持ち，その夢に向かってまっすぐに力強く歩んでいる人たちは，キラキラと輝いて見える。しかし最近の子どもたちは，大きな夢を語るのではなく，身近で現実的な夢に憧れる子どもたちが多い。例えば，ケーキ屋さん，学校（幼稚園・保育園）の先生，看護師，調理師，芸能人などである。そしてまた思い描いている夢に手が届きそうにないと感じると，夢に向かって，まっすぐに，がむしゃらに，ひた向きに挑戦しないまま，諦めてしまうことも少なくない。そこで，本教材に触れることを通して，人が「夢」に挑戦していく過程の中では，様々な失敗，反省，挫折，絶望，そして挑戦……と挑み続けるチカラ，自分の可能性を信じ続けるチカラが必要であることに気づかせたい。

(3) **教材について（タイプⅡ）**

　本教材は，絶対不可能と言われてきた「無農薬リンゴ栽培」の「夢」をまっすぐに追い続ける木村秋則さんの生き方に触れることを通して，人はいかなる犠牲を払ってでも，自分の「夢」を追い続けるべきか否か，を子どもたちに考えさせることができる。人は時として，人生を歩む中で，どんな犠牲を払ってでも，譲れないことや，優先しなければならないことがある。本教材を用いることで，そんな事実に向き合わせ，いろいろな考え方があることに気づかせたい。本教材は，モラルジレンマのタイプⅡに属し，「夢と希望」，そして「家庭における役割と責任」「公徳心」などという2つ以上の価値の間で生じる当為をめぐる葛藤が問題にされる。

(4) **学級の実態**　（略）

(5) **価値分析表**

　コールバーグの道徳性の発達段階に照らして，予想される生徒の反応を表1に示した。

表1　価値分析表

夢に挑戦し続けるべき	夢をあきらめ，やめるべき
段階1　罰と従順志向，他律的道徳性	
・不確かな夢を追い続けるのは辛い。	・周りのりんご農家からのクレームが苦痛。
段階2　個人主義・道具的な道徳性	
・得るものが大きい。	・失敗した時には損害が大きい。
段階3　良い子志向・対人的規範の道徳性	
・生産者も消費者も「安心・安全」で喜ぶ。 ・家族を喜ばせ，幸せにしたい。	・周囲の農家への害虫被害が大きい。 ・家族の苦しみを取り除き，楽にさせたい。
段階4　社会システムと良心の道徳性	
・夢や希望は人の生きる道標であり，目的である。	・人に迷惑をかけてはいけないという社会システムの維持ができる。

❷ 展開（2時間扱いの授業展開）

●第1次の授業

配時	学習活動と主な発問	指導上の留意点
展開 35分	1．教材「夢のリンゴ作り」を範読する。 2．葛藤状況を通して，おじさんの生き方に迫る。 ○おじさんの「夢」は何か。 ○「夢」を追う中で，失ったものは何か。	・おじさん（木村秋則さん）の生き様を理解させる。 ・小集団で意見交流を行ってもよい。
終末 15分	3．最初の判断を下し，その理由づけを記述する。 ◎おじさんは無農薬リンゴ栽培の夢に挑戦し続けるべきか。それとも，諦めるべきか。	・1回目の判断，理由をワークシートに記入する。

●第2次の授業

配時	学習活動と主な発問	指導上の留意点
導入 前半 5分	1．道徳的葛藤の状況を明確化する。 ○前時の学習を振り返る。	・前時のワークシートを返却し，内容を再確認する。
導入 後半 5分	2．自己の判断・理由づけを再確認する。 ○おじさんの悩みと考えたこととは何か。	
展開 前半 15分	3．クラスでの理由を分類整理した「書き込みカード」に自分の意見を書き込むことにより，自分と違う他者の考えに気づく。 ○賛成・反対（○×）意見カードに自分の考えを書き込もう。	・「書き込みカード」に自分の意見を書き込むことで集団討議の準備を行う。 ・発言の苦手な生徒の意見表明の場とする。
展開 後半 20分	4．自己と他者の考え方を練り合わせる。 ○2つの判断それぞれの長短は何か。 ○夢・希望を叶える意味や意義は何か。 ○家族の間で最も大事なことは何か。	・相互交流を通して，論点を明確化する。 ・明確化した論点の中の幾つかを取り上げ，焦点化する。
終末 5分	5．最後に，改めて主体的な価値選択を促す。 ◎おじさんは無農薬リンゴ栽培の夢に挑戦し続けるべきか。諦めるべきか。	・おじさんはどうすべきだったのかを再度判断し，ワークシートに記入する。

板書計画

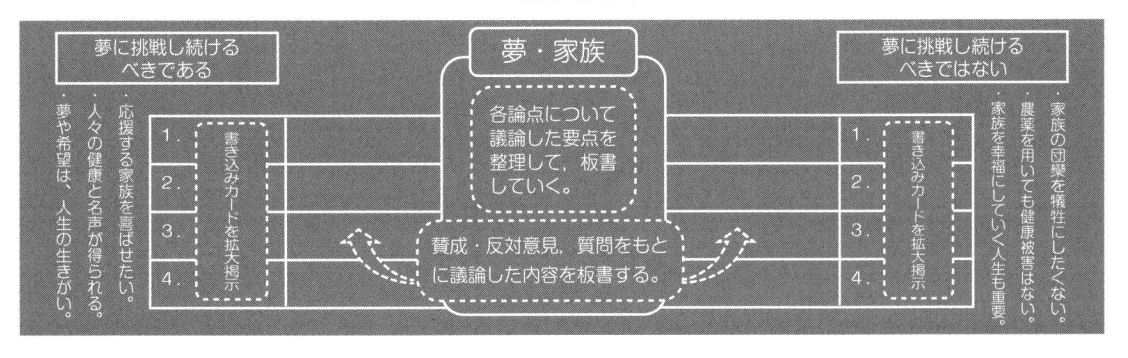

❸ 授業を行う上での留意点

　人生には，時として「どんな犠牲を払ってでも，譲れないことや，優先しなければならないことがある」という事実に向き合わせる中で，その考え方は人によって異なることに気づかせたい。また，夢を追い続ける過程では，様々な困難に直面しながらも，「『目標』→『計画』→『挑戦』→『失敗』→『反省』」を，1つのサイクルとして何度も繰り返しながら，懸命に努力を積み重ねる「意志の力」が大切であることにも，おじさんの生き方に触れる中で気づかせていきたい。

　さて，上記のような全体像をイメージしながら，それを実現するためには，多様な発問を適宜適切に投げかける必要がある。既に，上述の「2　展開」で代表的な発問をあげたが，ここでは，各先生方が大所高所から独自の発問を練り鍛え，学級風土や生徒の実態に応じて柔軟に取捨選択されることを願って，発問の7つの類型別にその具体例を1つずつあげておきたい。

(1)　理解を確認する発問

　「今，○○さんが言った"名声"とはどういうことか，あなたの言葉でもう一度言ってください。」

(2)　議論に参加させる発問

　「人生の生きがいは夢や希望を追い求めることだという考えを，あなたはどう思いますか。」

(3)　定義の発問

　「"家族への愛情"には，どのようなものが詰まっていますか。また，具体例もあげてください。」

(4)　より高い段階の反応を引き出したり，その反応に焦点を合わせたりする発問

　「どんな場合でも，夢は追うべきですか。犠牲にしてはいけないものはないのですか。」

(5)　役割取得を促す発問

　「もし，おじさんが家族に夢を諦めると伝えたら，家族はどう思うでしょうか。」

(6)　一般的な結果に対する発問

　「このまま夢を追い続けたら，木村さんを含め周囲の人々は，どうなるでしょうか。」

(7)　道徳的価値の重要性の根拠を求める発問

　「りんご作りの夢は家族の幸せと重なると言いますが，苦しい状況でも，なぜ，そう言えるのですか。」

【参考文献】
石川拓治　2011　『奇跡のリンゴ　「絶対不可能」を覆した農家　木村秋則の記録』幻冬舎文庫
竹下文子文，鈴木まもる絵　『りんごのおじさん』ハッピーオウル社

夢のリンゴ作り

名前

年　組　番

(1)　書き込みカード

夢に挑戦し続けるべきである			夢をあきらめ，やめるべきである		
理　由	○×	意見や質問	理　由	○×	意見や質問
1．奥さんから非難される。			1．周りのりんご農家からのクレームが苦痛。		
2．無農薬のリンゴを作ってほめられたい。			2．夢が実現せず，失敗した時には損害が大きい。		
3．生産者も消費者も「安心安全」が約束される。また，家族を喜ばせ，幸せにしたい。			3．生産者も消費者も，命が危険にさらされる。周囲の農家への害虫被害が大きい。		
4．夢や希望は人の生きる道標であり，目的である。			4．人に迷惑をかけてはいけないという社会システムの維持ができる。		

(2)　判断・理由づけカード

夢に挑戦し続けるべきである	夢をあきらめ，やめるべきである
そう考えた理由は？	

....
....
....
....
....
....
....
....
....
....

⑥　私にはできない。　いや，きっとできる

　中学校入学後まもなくして，私はバレーボール部に入部した。バレーボール部を選んだのは，私の両親の影響だ。両親は，学生時代，バレーボールをして育ってきた。今でこそ人気が低下しているが，東京オリンピックで全日本女子が世界チャンピオンになって以来，女子の花形スポーツとして，競技人口が急増した。バレーボールを通じて2人は知り合い，結婚したというわけだ。

　今でも，地域で盛んに行われているのは「ミニバレー」や「ビーチバレー」だと，母は言う。

　そんなことから，私もバレーボール部を選んだ。選んだのはいいが，部員数が少なく，球拾いやモップがけ，ネットの準備や後片付けなど，1年生から3年生までの部員全員でしないと手が足りない状態なのである。

　そうこうしているうちに1年間が過ぎ，2年生の6月になった。3年生にとっては最後の中体連大会である。少ない人数のため，私は補欠ながらベンチ入りをさせてもらった。

　結果は，地区予選の決勝戦で敗退。チーム数が少ないため，決勝戦までの試合数は3回。3年生の先輩たちはフルセットの末，僅差で負け，準優勝に終わった。最終試合後のミーティングは，涙，涙の幕切れだった。当然のこと，私は試合に出ることはなかった。

　いよいよ新チーム結成である。キャプテンは同級生の久美に任された。セッターポジションである。監督から，セッターに指名された久美は，不安そうな目をしていたように私には見えた。

　名前が往年の名セッターだった中田久美さんと同じだったからと冗談を言う者もいたが，チームで一番トスが上手だったのは間違いなかった。身長の低い私は，レシーブ力を買われ，リベロを任された。（リベロ＝レシーブ専門のポジションのこと）

　2年生には長身の選手がいたので，攻撃面では有利だったが，レシーブが上がらないと攻撃につながらず，その意味で，リベロの役割は大きかった。新人戦が始まる頃には，私は「守りの要」とまで言われるようになった。しかし，長身の選手は守備に課題があり，レシーブしたボールがセッターまで正確に届かず，セッターのトスも乱れがちだった。そのため，実戦形式で練習をすると，正確なトスが上がらず，チャンスボールが来てもアタッカーとのコンビがなかなか合わなかったため，攻撃力を生かすことができなかった。監督も不満げに声を荒げて，キャプテンの久美を叱咤することが増えた。

それでも，久美は歯を食いしばってがんばっていた。そんな久美に，「大丈夫。私がボールを全部拾って，久美に上げるから，がんばってね。」と私は声をかけていたが，久美が自信をなくしていることは，痛いほどよくわかった。

　新チームになって３か月，秋の新人戦が始まった。１回戦で対戦する相手は，これまでの練習試合では一度も負けたことのない相手だった。ところが，相手チームはサーブでアタッカーを狙ってきた。レシーブが崩され，攻撃につなぐことができない。チームはばらばらになり，リベロの私も思うようにプレーができなくなっていた。そうして，ついに勝てると思われた試合を落とすことになってしまった。
　試合の後の反省会で，監督から，アタッカーのレシーブ力強化と，セッターのトスを安定させること，リベロの更なる守備範囲の拡大が課題として指摘された。そして，監督は，キャプテンとしての久美に精神面の成長を求めた。

　反省会の後，私と久美が２人っきりになると，久美は私に「部活をやめようかなと思ってる。」と，ぽつりと漏らした。久美は，当初からセッターに自信が持てずにいた。試合を重ねるに従い，「自分にはセッターはできない」という思いが募っていた。私が見ても，久美は無理をしていると感じていた。

> 私は，久美を励まし続けるべきか。それとも，セッターを外すように監督に働きかけるべきか。それはなぜか。

◆久美を励まし続けるべき。
◆セッターを外すように監督に働きかけるべき。

（野口　裕展　作）

❶ 「私にはできない。いや，きっとできる」の授業実践

(1) **主題名**「自分をみつめる」　　**教材名**「私にはできない。いや，きっとできる」

(2) **主題設定の理由（ねらい）**

　2020年の東京オリンピックに向け，近年，若者のスポーツへ向けた意欲が高まっている。特に中学時代は，スポーツを通して心身の成長を図る絶好の機会である。しかし，集団で取り組むスポーツは，いろいろな面で個人差があり，それ故に，チーム作りは困難である。

　自己に打ち勝つ強い意志と，チームとしての支え合う心が求められる。そして，その経験こそが人間としての成長につながるものと思い，この主題を設定した。

(3) **教材について（タイプⅡ）**

　少子化，運動離れが進んできたが，スポーツのよさは誰もが認めるところである。バレーボールという集団スポーツは，個々の精神の強さと，高度なチームワークが求められる競技であり，プレーヤーにかかる精神的なストレスは大きい。途中でくじけそうになることは誰しも経験する。プレーの要であるセッターを続けるのか，それともポジション変更してバレーボールを続けるのか，止めてしまうのか。運動部活動をしている生徒たちが共感できる教材であろう。

(4) **学級の実態**

　運動部活動やスポーツクラブに所属している生徒と，そうでない生徒とでは捉え方が異なると思われる。その点を事前に把握しておきたい。

(5) **価値分析表**

　コールバーグの道徳性の発達段階に照らして，予想される生徒の反応を表1に示した。

表1　価値分析表

久美を励まし続けるべき	セッターを外すように監督に働きかけるべき
段階1　罰回避と従順志向，他律的な道徳性	
・セッターができるのは久美だけだから。	・久美がセッターをしていると勝てないから。
段階2　個人主義・道具的な道徳性	
・久美がセッターをやめたら自分がしなければならないかもしれないから。	・久美がセッターを外れると，自分にチャンスが回ってくるかもしれないから。
段階3　良い子志向，対人的規範の道徳性	
・親友ならば，苦しい時に心の支えになるべきだから。	・苦しんでいる友だちを，苦しみ続けさせるのは非情だから。
段階4　社会システムと良心の道徳性	
・集団スポーツはお互いが理解し合い，協力しなければ成立しない。	・チームとして一人ひとりの個性を伸ばしながら役割分担が行われなければならないから。

❷ 展開（２時間扱いの授業展開）

●第１次の授業（1.5時間扱いの場合，朝自習等で教材読みと１回目の判断・理由づけのみを行う）

配時	学習活動と主な発問	指導上の留意点
展開前半 10分 ～ 25分	1. 教材名を読み，自分にも同じ思いがこれまでになかったか振り返ってから，教材を読み，ジレンマの状況を把握する。	・教材名を読んだ段階で，これまでの自分を見つめさせたい。
	2. ジレンマの状況を正確につかみ，誰が何を為すべきか（当為）について考える。 ○登場人物（中心人物）の確認を行う。 ・「私」，久美，監督，その他 ○「私」の当為（まさに為すべきこと）を明確にする。 ・久美にセッターを続けるよう励ます。 ・久美に同意してセッターをやめるよう助言する。 ・監督にセッターを替えてもらう。等 ◎セッターをやめたがっている久美に私はどのように対応するか。	・ジレンマの状況把握に誤解が生じないよう，状況確認をしっかりすること。 ・セッターの決定は監督やチームの同意が必要であり，私の当為として「監督への働きかけ」が出てこない場合は，主発問を変更することになる。 ・当為に関する食い違いが生じないように，板書すること。
展開後半 10分 ～ 25分	3. 第１回の判断・理由づけを行う。 ・カード記入前に，およその判断傾向を把握する。 ◎私は，久美を励まし続けるべきか。それとも，セッターを外すように監督に働きかけるべきか。それはなぜか。	・「判断・理由づけカード」に記入するが，ICT を活用して記録することができると第２次の利用が簡単になる。 ・挙手によっておよその判断傾向を把握すると，学習者の意欲も高まる。

●第２次の授業の準備

○１回目の判断・理由づけカードを集計し，判断の対立点と争点を洗い出しておく。

●第２次の授業

配時	学習活動と主な発問	指導上の留意点
導入 10分	1. ジレンマの状況を再度確認し，判断の状況を知る。 〈励まし続ける〉＝○人 〈監督に外すよう働きかける〉＝○人	・判断の状況は板書または掲示する。 ・名前カード等を利用したい。
	2. 判断の根拠となっている理由を知る。 〈励まし続ける〉 ・友だちだから。 ・他に替われる人がいないから。 ・困難を乗り越えるのがチームだから。 〈監督に働きかける〉 ・久美がかわいそうだから。 ・このままではチームが成り立たないから。	・キーワードをそれぞれの判断毎に短冊等で示す。（ICT 使用可） ・同じキーワードが両方に現れた場合は，そのことをしっかり押さえる。 ・判断を留保している場合，名前を中間に貼らせる。

展開 前半 15分	3．黒板に示された判断・理由づけに対して，「書き込みカード」に賛成・反対（○×），質問や意見を書き，発表する。 ○ペア（グループ）討論 ○争点の洗い出し ・チームメイトへの思いやりはどうあるべきか。 ・この状況が続くことが本人やチームにとってどのような影響を持つのか。　等	・机間指導をしながら座席シートに簡単な記録を取ると，意図的指名ができる。 ・ペア（グループ）討論の時間は短時間で済ませる。 ・ホワイトボード（タブレット）等に書き出させることも有効。
展開 後半 20分	4．争点について話し合いを深める。 ・励ますことだけで問題は解決するのか。（YK） ・この状況を解決するためには，チームメイト（や監督）はどうあるべきか。（KN） ・チームは本来何を目指すべきか。（Y）	・役割取得を促す発問（Y），結果を類推する発問（K），認知的不均衡を促す発問（N）でディスカッションを方向づけ，生徒の思考を深める。 ・展開前段で中心的な争点とつながる視点を主として取り上げる。
終末 5分	5．2回目の判断・理由づけを行う。 ◎私は，久美を励まし続けるべきか，それとも，セッターを外すよう監督に働きかけるべきか。それはなぜか。	・判断が変わった生徒は名札を移動し，なぜ判断が変わったのかを確認する。

板書計画

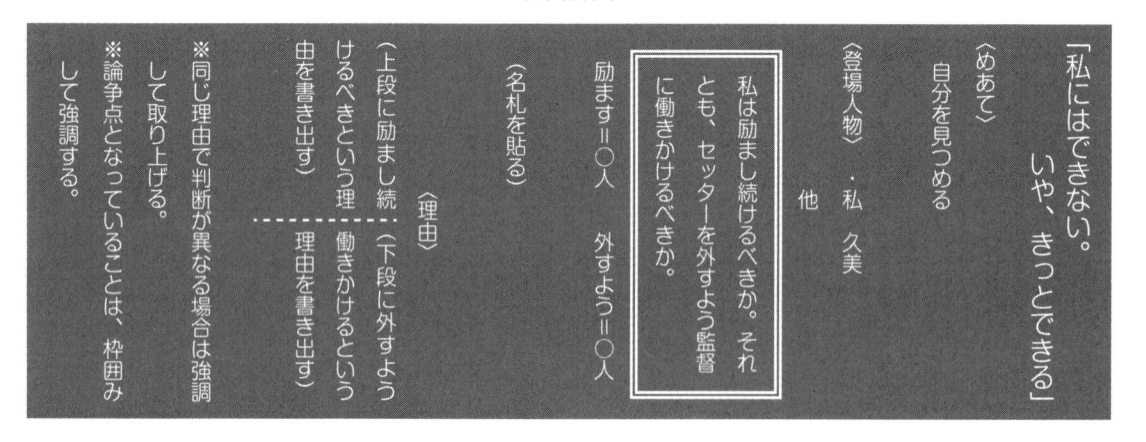

❸　授業を行う上での留意点

　この問題は生徒にとって卑近な現実的ジレンマであり，同様の経験をした生徒もいると思われる。それら実体験を相互に交換しながら，学習を深めたい。

　一方，「学級の実態」でも触れているが，運動部活動やスポーツクラブ等に所属していない生徒にとっては，あまり興味を引かないことも考えられる。その場合，野球・サッカー等の時事ニュース等を取り上げ，興味を持たせる等を工夫したい。

　私と久美の人間関係だけで考えるのではなく，チームスポーツが目指すべき在り方について考えが深まるよう，討論の争点を整理することが授業者に求められる。

ワークシート

私にはできない。
いや，きっとできる

名前

| 年 | 組 | 番 |

(1) 書き込みカード

久美を励まし続けるべき			セッターを外すように監督に働きかけるべき		
理　由	○×	意見や質問	理　由	○×	意見や質問
1．親友ならば，苦しい時に心の支えになるべきだから。			1．苦しんでいる友だちを，苦しみ続けさせるのは非情だから。		
2．チームは困難を乗り越えることで良くなっていくから。			2．久美がセッターを外れると，自分にチャンスが回ってくるかもしれないから。		
3．セッターができるのは久美だけだから。			3．少しでも早くチームを立て直す必要があるから。		
4．久美がセッターをやめたら自分がしなければならないかもしれないから。			4．久美がセッターをしていると勝てないから。		

(2) 判断・理由づけカード

私は，久美を励まし続けるべきか。それとも，セッターを外すよう監督に働きかけるべきか。	
久美を励まし続けるべき	セッターを外すよう監督に働きかけるべき
そう考えた理由は？	

....

....

....

....

....

....

....

....

....

⑦　正義の黄色

　私は，生活衛生室長として，市内の環境・衛生管理に携わっている。この度，「犬税」導入に向けて深く関わることになった。そんな折，中学生になる私の娘から「イエローカード」の存在を聞かされた。

　娘は，愛犬のチビの散歩のために，毎朝住宅街を抜けたところの公園まで出かけていく。ある朝，公園の木のそばで，黄色のベストを着たおじさんがひからびた犬のフンの横にイエローカードを立てているのに出合った。聞けば，それは「フンの放置は条例違反です！」のカードだという。そして，「イエローカードを始めた頃，フンの放置はずいぶん減ったと感じたけど，最近は違反がまた増えて，今日はこれで3か所目だ。」と言われた。「僕らが活動し始めてから『どうせ拾ってくれるなら』と，さらにフンを放置していく人も……。」と，おじさんは，肩を落としてため息をつかれた。

　娘が，「どうして手間のかかることをされるのですか。」とたずねたところ，「これは，犬が同じ場所にフンをするという習性を利用しているんだよ。」と話し，このカードを見た犬の飼い主が自主的に回収してくれることを願ってのことだと言われた。1回目はこのカードをフンの近くに置くだけにし，フンが回収されずに，そのまま同じ場所にあると，仕方なくフンを回収する，と教えてくれた。娘はなるほどと感心するとともに，おじさんの思いに応えられない飼い主に「犬を飼う資格なんてないよ。」と腹が立ったと父親に話した。

　一方，町会長からは，町内の公園や道路脇でたびたび犬のフンが見つかって，町内の人からは，汚くて不衛生，何とかならないか，という苦情を聞かされていた。ある時には，若いお母さんから，「娘を公園の砂場で遊ばせようとしたら，犬のフンがいくつもあって，遊ばせることができなかった。」と嘆かれた。

　「犬税」に係わってから，私自身も「街が汚れている……。イエローカードに黄信号が灯っている……。」と感じるようになった。

　そんな折，「犬税」検討委員会があり，環境衛生審議会委員として出席した。私は，娘が出会ったおじさんや，町内の多くの人の要望と期待に応えるため，また，多くの市民の声なき声に応えるためには，「犬税」を導入する他にはないと考えていた。

検討委員会で，次のように私の考えを伝えた。

　「これまで，市では数多くの対策をとってきた。フンの放置を禁止行為とする条例を設け，フンを回収する放置フンＧメンや放置しているのを見たら声をかける環境巡視員を配置した。黄色いベストを着たおじさんのように地域で活動されている人もいる。そして，その対策費用に1000万円以上を市の税金でまかなっている。それでも，放置フンが減らず，その費用は増加を続けている。今回『犬税』を導入し，犬の飼い主から年間１匹につき2000円徴収するという案を提案したい。」

　検討委員会では，市民の代表者や識者などから賛意の声も聞かれたが，一方で，いくつかの課題が浮き彫りにされた。

　市に登録された飼い犬が全体の６割程度に過ぎない。登録されていない犬が多すぎる。きちんと登録した人だけに税金を課す制度は，多くの不公平感を生じる。

　「犬税」の税収，約1000万円に対して，人件費は1500万円もかかる。

　今まできちんとフンの処理をしている人まで，負担を求めるようになる。

　既に市民は税金を払っているのだから，街が汚れたら市が処理すればよいのでないか。

　散歩の必要がない小型犬の飼い主までも犬税を払うことはない。

　狂犬病の予防接種と抱き合わせで登録するようにすれば，予防接種そのものが敬遠される。

　確かに，これらは「犬税」廃止に説得力のある視点である。けれども，黄色いベストのおじさんのように美しい街を守るために活動している人や，美しい町づくりのために道路の清掃や雑草刈りなどに従業員を参加させている企業も増えている。だからといって，こういった活動には当然お金もかかる。善意だけに頼れないところがある。また犬の飼い方の指導を徹底する必要もある。そのために，行政としてどんな取り組みをすべきかを本気になって考えなければならない。そのためには，犬税は必要でないか？

　しかし，「犬税」の導入によって，本当に私たちの街が美しくなり，すべてが順調に進むのだろうか。私は，様々な市民の声や識者の見解を聞くにつけ，導入の方向で市長に答申すべきかどうか迷っている。

> 「犬税」を導入すべきか。導入すべきではないか。

◆「犬税」を導入すべきである。
◆「犬税」を導入すべきではない。

（中野　宏美　作）

❶ 「正義の黄色」の授業実践

(1) **主題名**「正義と責任」　　**教材名**「正義の黄色」

(2) **ねらい**

　イエローカードと「犬税」についての議論を通して，身近にある法やきまりの意義を考え，自分たちの権利と義務のバランスの取り方についての道徳的判断力を養う。

(3) **教材について（タイプⅡ）**

　本教材は，大阪の泉佐野市が提起した「犬税」をベースとした。しかし，市の担当職員に話を伺うと，登録している飼い主だけに課税することになれば，税金に関する大原則の1つである「公平の原則」を損なう点が大きな課題の1つだということで，本教材では，モラルジレンマとしての葛藤場面を設定するため，幾つかの仮想条件を付加することにした。

　このことで，現実の生活における矛盾や葛藤に厳しい目を向け，社会の在り方についても広く活発な議論を期待したい。とりわけ，人間関係が希薄化する現代社会を生きる生徒にとって，他者に対する配慮や自分たちの住む街の環境問題を考えることは，今日的な倫理的課題といえよう。

(4) **価値分析表**

　コールバーグの道徳性の発達段階に照らして，予想される生徒の反応を表1に示した。

表1　価値分析表

「犬税」を導入すべきである	「犬税」を導入すべきではない
段階1　罰回避と従順志向，他律的な道徳性	
・導入しないと，犬を飼わない人から非難される。	・きちんとフンを持ち帰っている人から非難される。
段階2　個人主義・道具的な道徳性	
・導入しないと，街でフンを見るのは不愉快だ。 ・フンを踏みたくない。 ・フンをとらなくて済むのなら，導入すればよい。 ・フンをとるのは面倒くさいので，犬税を徴収することでしてくれるのなら，導入してもよい。	・きちんと持って帰っているのに，払いたくない。 ・持って帰らない人が悪いのだから，その人だけに課税してほしい。 ・室内犬だったら，外で排泄することはないのだから，支払いたくない。
段階3　良い子志向，対人的規範の道徳性	
・住民は皆，フン害を不愉快に思っているだろう。 ・処理や対策にお金がかかるのだから仕方ない。 ・1匹2000円の対策費なら，そんなに負担にはならない。 ・「鑑札」をつけて納税の有無を明確にするとともに，未登録の飼い主に厳しい罰則を与える。	・飼っているスタイルは様々（室内犬）だから，飼い主全員からの徴収は不満の声があがるだろう。 ・導入したところで，拾わない人はいるだろう。 ・持ち帰っている飼い主から不満の声があがる。 ・犬を飼っているかどうかを完全に把握するのは困難である。
段階4　社会システムと良心の道徳性	
・フンを持ち帰らない飼い主がいるのは事実で，税金を徴収する対象が不明確なのだから，飼っている人全員が負担するのは仕方ない。 ・環境の美化や保全のために対策費が必要なのは自明で，その費用は受益者負担が原則である。	・犬税の徴収が始まると，今までフンを持ち帰っていた飼い主も放置することが予想される。 ・犬税を徴収する対象が申請した人に限定され，申請していない飼い主に税金がかからないのは不公平。 ・まずは飼っている人が必ず申請しなくてはいけない条例や罰則を制定すべき。

❷ 展開（2時間扱いの授業展開）

●第1次の授業

配時	学習活動と主な発問	指導上の留意点
導入 5分	1．イエローカードの実物を提示する。	・カードの趣旨を想像させる。
展開 40分	2．教材「正義の黄色」を範読する。 3．葛藤状況を通して考える。 ○通学路にあったイエローカードを見て，娘は何を感じたのだろう。 ○「イエローカードに黄信号が灯っている」とはどういうことだろう。 ○「犬税」の長所と短所は何だろう。	・負の感情を幾つか発表させて，市が直面する状況を共感的に理解する。 ・おじさんや母親の気持ちの対極にある道徳的価値に意識を向けさせ，それらが危機に瀕していることを確認する。
終末 5分	4．最初の判断を行い，その理由づけを考える。 ◎犬税を導入すべきか。それとも，導入すべきではないか。その理由も考えよう。	・1回目の「判断・理由づけカード」へ記入させ，回収する。

●第2次の授業

配時	学習活動と主な発問	指導上の留意点
導入 5分	1．前時を振り返り，道徳的葛藤の状況を明確化。 ○僕は何を悩んでいましたか。 ○僕は，なぜ迷っているのですか。	・前時のワークシートを返却し，自分の判断・理由づけを再確認させる。
展開 前半 20分	2．1回目の「判断・理由づけカード」を整理して作成した「書き込みカード」に自分の意見を記す。 ○賛成・反対（○×）意見や質問をカードに書こう。 3．相互に意見交流して，論点を明らかにしていく。 ○意見や質問を自由に述べ合おう。	・自分とは異なる他者の多種多様な考えに気づかせる。 ・質問や感想を書いてもよい。 ・「書き込みカード」を拡大して掲示する。 ・対立点が明確になる板書を心がける。
展開 後半 20分	4．論点を絞り込み，さらに議論を進める中で，自分の考えを深め広げていく。 A：それぞれの判断から生じる長所・短所は何か。 B：犬税導入における意味・意義は？ C：最も重要なことは何か。	・役割取得を促す発問，結果を類推する発問，認知的不均衡をもたらす発問，等でディスカッションを方向づける。 ・左記の発問は例示である。実際には，議論の流れに沿った発問を投げかけたい。
終末 5分	5．最後の判断を行い，その理由づけを考える。 ◎犬税を導入するべきか。導入するべきではないか。その理由も書こう。	・2回目の「判断・理由づけカード」へ記入させ，回収する。後日，生徒の変容を学級通信を通して伝える。

❸ 授業を行う上での留意点～「犬税」に関する予備知識～

「犬税」は，昭和30年には全国2689自治体で導入していたが，昭和33年の自治庁税務局長通達で減少し，昭和56年度末の長野県四賀村（現・松本市）での廃止を最後に姿を消した。

大阪府泉佐野市では，平成18年4月に市環境美化推進条例を施行したが，半年経っても効果は見られなかった。そこで，犬や猫のふんの放置対策の財源として「犬税」導入を検討し始め，市議会でも「モラルの向上を市民に求めたい。徹底的に取り締まりと啓発を行う」と述べ，改善がなければ，2年後に導入したい考えを示した。具体的には，狂犬病ワクチン接種の際，同時に飼い主から徴収し，清掃員や見回り人員の強化に充てる，というものである。

ところが，「犬税」検討委員会による市長への答申は，様々な課題が山積していることから，犬税以外の解決策を促す内容となった。具体策としては，ふんを放置した飼い主への過料の強化が有効だとし，現行条例で定める5千円を1万円に倍増させる構想が浮上した。

一方，市では，過料の徴収にあたる環境巡視員も4人に増員し，ふん放置を現認し次第，即刻徴収する等，強硬姿勢を打ち出している。市の担当者は，「すでに飼い主と環境巡視員は顔見知りになっており，啓発期間は過ぎた。」と述べる。

さて，諸外国に目を転じると，ドイツではすでに「犬税」が浸透しているという。導入の理由は糞害対策ではなく，無責任な飼い主を減らすためであって，さらに，犬に十分な飼育スペースや運動，飼い主との交流，しつけを与える法律的義務も飼い主に課せられており，違反すれば，動物虐待罪に問われる。犬1頭につき，年間140ユーロ（1万8千円）を収めることもあるという。

ちなみに，オーストリア，オランダ，フィンランド，スイス，チェコなどにも「犬税」があり，そこでは「犬税」を，犬のふんなどで汚れた街の清掃費や，犬のふん用として町中に用意されたエチケット袋などに充てているとのことで，こちらは泉佐野市における導入理由と同様である。

正義の黄色

名前

年　　組　　番

(1) 書き込みカード

「犬税」を導入すべきである			「犬税」を導入すべきではない		
理　由	○×	意見や質問	理　由	○×	意見や質問
1．導入しないと，犬を飼わない人から非難される。			1．きちんとフンを持ち帰っている人から非難される。		
2．フンをとるのは，面倒なので犬税を徴収することで済むなら，導入してもよい。			2．持って帰らない人が悪いのだから，その人だけに課税してほしい。		
3．1匹2000円の対策費なら負担感もないので，「鑑札」をつけて納税の有無を明確にすればよいだろう。			3．室内犬など，飼っているスタイルは様々だから，飼い主全員からの徴収は不満の声があがる。		
4．環境の美化や保全のために対策費が必要なのは自明で，その費用は受益者負担が原則である。			4．公平性の原則からは，まず飼い主が必ず申請しなければならないとの条例や罰則を制定すべき。		

(2) 判断・理由づけカード

「犬税」を導入すべきである	「犬税」を導入すべきではない
そう考えた理由は？	

⑧　団長なら団長らしくしろ！

対　象
中学校2〜3年生
内容項目
A－(4) 克己と強い意志
C－(15) 集団生活の充実

　孝雄は、中学校生活で1つの目標を持っていた。それは、体育大会の応援団長になることだった。1年生の時、学生服に身を包み、足下までたなびく鉢巻きをして、団員をリードしながら応援演舞をする3年生の団長の姿にあこがれたからだった。

　2年生になった孝雄は、赤団の応援団リーダになることを志願し、実現した。孝雄の「応援団長」になりたいという思いはますますふくらんだ。体育大会終了後の解団式のとき、孝雄は「来年は団長をしたい！」と宣言し、みんなから拍手喝采を受けた。孝雄は、目標に一歩近づいたと思った。その時、健太が白団の解団式で、孝雄と同様に「団長をしたい」と宣言したことを孝雄は後日知ることになる。

　この地区では、体育大会を5月に実施するため、応援団のリーダーは、進級した4月の初旬に決めている。孝雄と健太は、クラス替えの結果、たまたま同じクラスになってしまった。クラスの応援団リーダー決めの話し合いで、当然、孝雄と健太が応援団リーダーに立候補し、2人とも白団のリーダーになったのはよかったのだが、団長決めで話し合いは紛糾した。2人とも団長になりたい一心で、一歩も譲ろうとしなかったのである。結局、それぞれの思いを聞いて、多数決で決定しようということになった。孝雄は自分の思いを精一杯みんなに訴え、支持を得た。健太は僅差で団長の座を逃した。

　応援団リーダーは、服装、演技構成、ポジション、太鼓などの鳴り物や団旗持ち、使用する小道具の決定と準備等の役割分担の話し合いを行い、土日返上で応援演舞の練習が始まる。応援団長は、応援演舞の責任者だ。それぞれの演舞は他の団には秘密にするため、練習場所を割り当てて行う。

　混乱は、話し合いの当初から起きた。団長選びで破れた健太が、応援団の服装を、学生服ではなく背中に龍の刺繍が入った先輩からのお譲りを使いたいと言い出した。演技構成にも異議を唱え、鳴り物は太鼓ではなくドラム缶を使いたいと言う。孝雄は、服装については学校から厳しく規制されており、演舞そのものを許してもらえなくなる。応援団競技に大負けをすることになると説得した。しかし、健太は、過去の伝統を復活させたいという思いが強く、妥協しなかった。

　最初から、こんな状態だったため、応援団の練習は遅々として進まなかった。この状況に、

白団の応援団員はいらだちの表情をにじませた。

　孝雄は，この混乱した状態に，団員の前で「団長なんか引き受けなければよかった。」と本音を漏らしてしまった。それを聞いていた団員の1人が，「団長なら団長らしくしろ！」と孝雄を一喝した。そして，「健太が応援団の和を乱すなら，リーダーをやめさせるべきだ。」と，きっぱりと言い切った。

> **孝雄は，健太をやめさせるべきか，やめさせるべきではないか。それはなぜか。**

◆健太をやめさせるべき。

◆健太をやめさせるべきではない。

（野口　裕展　作）

❶ 「団長なら団長らしくしろ！」の授業実践

(1) **主題名**「チームワークについて考えよう」　　**教材名**「団長なら団長らしくしろ！」

(2) **主題設定の理由（ねらい）**

　集団生活の中で自分の思いが強すぎると，周りと協調できなくなる場面が出てくる。自分の思いをどこまで主張し，妥協するかという視点は重要である。一方で，グループの責任者になった者にとって，集団生活の和を乱す言動についてどこまで寛容で，かつ，わがままを許さない態度を取るかという視点も必要である。そのことを考える機会として，本主題を設定した。

(3) **教材について（タイプⅡ）**

　一見，健太は団長になれなかった腹いせで孝雄を困らせているように思える。しかし，健太の気持ちに共感する生徒もいると思われる。孝雄の団長としての立場だけで考えるのではなく，集団生活の向上から体育大会の応援団リーダーの在り方を考えさせたい。

　なお，中学校の体育大会を実施する時期が春と秋に分かれているようである。秋に実施される場合は，教材の修正が必要になる。

(4) **学級の実態**

　体育大会の中で応援団（リーダー）を組織しない場合もあるので，その場合は，健太の気持ちには共感しにくいかもしれない。その学校の実態やそれまでの伝統も関わってくるので，事前に情報収集をしておきたい。

(5) **価値分析表**

　コールバーグの道徳性の発達段階に照らして，予想される生徒の反応を表1に示した。

表1　価値分析表

孝雄は健太をやめさせるべき	孝雄は健太をやめさせるべきではない
段階1　罰回避と従順志向，他律的な道徳性	
・やめさせないと応援団が失敗するから。	・健太から恨まれて復讐されるから。
段階2　個人主義・道具的な道徳性	
・やめさせないと応援団の練習ができないし，今後もまとまらないから。	・やめさせると，応援団の練習を邪魔したり今後協力してもらえなくなるから。
段階3　良い子志向，対人的規範の道徳性	
・他のリーダーたちに示しがつかなくなり，応援団の目的が達成できなくなるから。	・なんとか健太を説得して，妥協点を見つけ出すことが一番いい方法だから。
段階4　社会システムと良心の道徳性	
・応援団の目的を確認し，目的に反する言動を取るならばリーダーとしての資格がないことを本人にわからせるべき。	・応援団リーダー会議等でルールを確認し，そのルールを守ることを条件にリーダーに立候補させる必要がある。

❷ 展開（2時間扱いの授業展開）

●第1次の授業（1.5時間扱いの場合，朝自習等で教材読みと1回目の判断・理由づけのみを行う。）

配時	学習活動と主な発問	指導上の留意点
展開前半 10分 〜 25分	1．教材を読み，ジレンマの状況を把握する。	・一読してジレンマの状況が把握できない場合は，立ち止まり読みをする。
	2．ジレンマの状況を正確につかみ，誰が何を為すべきか（当為）について考える。 ○登場人物（中心人物）の確認を行う。 　・孝雄，健太，他 ○中心人物の当為（まさに為すべきこと）を明確にする。 　・健太の自己主張のために応援団の話し合いが進まない状況をどのようにするか。 ◎孝雄は，健太をやめさせるべきかどうか。	・ジレンマの状況把握に誤解が生じないよう，状況確認をしっかりすること。 ・当為に関する食い違いが生じないように，板書すること。
展開後半 10分 〜 25分	3．第1回の判断・理由づけを行う。 ・カード記入前に，およその判断傾向を把握する。 ◎孝雄は，健太をやめさせるべきか。それとも，やめさせるべきではないか。それはなぜか。	・「判断・理由づけカード」に記入するが，ICTを活用して記録することができると第2次の利用が簡単になる。 ・挙手によっておよその判断傾向を把握すると，学習者の意欲も高まる。

●第2次の授業の準備

○1回目の判断・理由づけカードを集計し，判断の対立点と争点を洗い出しておく。

●第2次の授業

配時	学習活動と主な発問	指導上の留意点
導入 10分	1．ジレンマの状況を再度確認し，判断の状況を知る。 〈やめさせるべき〉＝○人 〈やめさせるべきではない〉＝○人	・判断の状況は板書または掲示する。
	2．判断の根拠となっている理由を知る。 〈やめさせるべき〉 ・話し合いや練習が進まないから。 ・単なるわがままだから。 ・応援団の和を乱しているから。 〈やめさせるべきではない〉 ・説得してリーダーを続けさせる。 ・周りの人に説き伏せてもらう。 ・妥協点（折り合えるところ）を見いだす。	・キーワードをそれぞれの判断毎に短冊等で示す。（ICT使用可） ・同じキーワードが両方に現れた場合は，そのことをしっかり押さえる。 ・名前カード等を利用したい。 ・判断を留保している場合，名前を中間に貼らせる。
展開前半 15分	3．黒板に示された判断・理由づけに対して，「書き込みカード」に賛成・反対（○×）意見や質問を書き，発表する。 ○ペア（グループ）討論	・机間指導をしながら座席シートに簡単な記録を取ると，意図的指名ができる。 ・ペア（グループ）討論の時間は短時間で済ませる。

	○争点の洗い出し ・応援団の団長（やリーダー）の役割は何か。 ・応援団の和を乱す者に対してはどのように対処すべきか。 ・健太を説得できるか。	・ホワイトボード（タブレット）等に書き出させることも有効。
展開 後半 20分	4．争点について話し合いを深める。 ○団長やリーダーの役割とは何か。（Y） ・団員の気持ちをまとめること。 ○この混乱の原因は何か。（KN） ・健太のわがまま。 ・応援団のルールが明確でないこと。 ・応援団の目的が不明確であること。	・役割取得を促す発問（Y），結果を類推する発問（K），認知的不均衡を促す発問（N）でディスカッションを方向づけ，生徒の思考を深める。 ・展開前段で中心的な争点とつながる視点を主として取り上げる。
終末 5分	5．2回目の判断・理由づけを行う。 ◎孝雄は，健太をやめさせるべきか。それとも，やめさせるべきではないか。それはなぜか。	・判断が変わった生徒は名札を移動し，なぜ判断が変わったのかを確認する。

板書計画

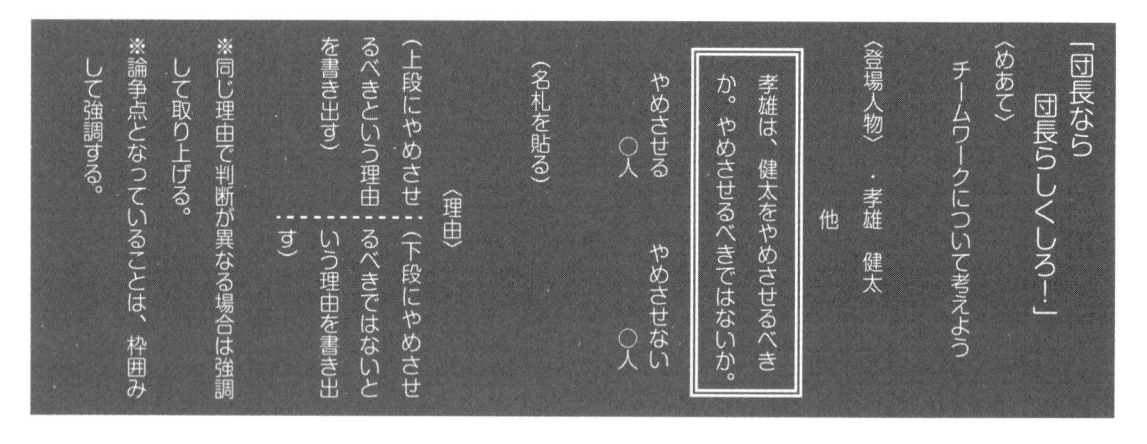

❸　授業を行う上での留意点

当為（健太をやめさせるべきか）を問いながら，応援団やリーダー，団長の在り方を考え，集団生活の充実を図ったり，自己中心的な言動を改める必要性を考えることを授業の中心としている。

一方で，健太をやめさせないとすれば，具体的にどのような手だてを講じることが求められるかという現実的な対応（とその根拠）を考えることで，現実的なジレンマを解消する（砕く）方向性を持たせている。

「教材について」や「学級の実態」でも触れているように，体育大会の実施時期や応援団組織の有無，応援合戦の内容等で実態が異なると思われるので，実態に応じた教材の修正が必要であろう。

ワークシート

団長なら
団長らしくしろ！

名前

年　組　番

(1)　書き込みカード

健太をやめさせるべきである			健太をやめさせるべきではない		
理　由	○×	意見や質問	理　由	○×	意見や質問
1．話し合いや練習が進まないから			1．説得してリーダーを続けさせる。		
2．健太がいると負けてしまうから。			2．妥協点（折り合えるところ）を見いだす。		
3．単なるわがままだから。			3．全員がまとまることが応援団に求められているから。		
4．応援団の和を乱しているから。			4．周りの人に説き伏せてもらう。		

(2)　判断・理由づけカード

孝雄は，健太をやめさせるべきか。それとも，やめさせるべきではないか。	
健太をやめさせるべき	健太をやめさせるべきではない
そう考えた理由は？	

....

....

....

....

....

....

....

....

....

....

....

⑨ 最後の酸素ボンベ

対　象
中学校2〜3年生
内容項目
D−(19)生命の尊さ，C−(10)公徳心，C−(11)公正・公平，
社会正義，C−(12)社会参画・公共の精神，C−(13)勤労

朋子さんの心が揺れた。このままこの患者に酸素ボンベを使い続けるべきか，それとももう切るべきか……。もちろん，医者としてできるだけのことをしてあげたい。しかし，この酸素ボンベは，今，この難民キャンプにある，最後の1本となってしまっていたのだ。

患者は，さっき，救急でお母さんが連れてきた5歳の男の子だ。子どもは白目を向いていて，息はハーハーとかなり苦しそうだった。5分間，酸素を与えてみた。やはり，ほとんど状態は良くならない。可哀想だけれど，今までの経験から判断すると，この子はおそらく助からない……。

1992年，ボスニアでは，1つの国の中で民族と民族が対立し，内戦が続いていた。貫戸朋子さんは，日本で8年間医者をした後，「国境なき医師団」のメンバーとして医療援助活動をしている。しかし，緊急医療キット等の物資は，けっして十分ではない。足りなくなったものが次にいつ送られてくるのかまったくわからない。

酸素ボンベは大変貴重だ。生まれたばかりの赤ちゃんや手術中の患者の中には，少し吸わせてあげるだけで症状が良くなり，命が助かる人がたくさんいる。助かる可能性のあまりない命に対してこれ以上酸素を使ってしまうのは，もったいない。後の人たちに少しでも多く残してあげたほうが良いだろう。朋子さんは，この子の命を救うことをあきらめて酸素を切ることを決心した。しかし，コックをひねり，マスクに手をかけた瞬間，呼吸がさらに弱々しくなった男の子は，うつろだった目をゆっくり開いて，訴えるようなまなざしで朋子さんを見つめた。「先生，この子を助けて！！」と連れてきた母親が泣き叫んでいた……。

酸素ボンベを切るという朋子さんの決断にあなたは反対ですか。賛成ですか。それはなぜですか。

◆酸素ボンベを切る判断に反対。
◆酸素ボンベを切る判断に賛成。

（NHKビデオ「ようこそ先輩」を参考に，貫戸朋子さんへの直接インタビューを踏まえて，野本玲子が改作）

❶ 「最後の酸素ボンベ」の授業実践

(1) **主題名**「いのちについて考える」　　**教材名**「最後の酸素ボンベ」

(2) **主題設定の理由（ねらい）**

　中学生は「いのちは大切だ」ということを知っている。「生命の尊さについて，その連続性や有限性なども含めて理解し，かけがえのない生命を尊重すること」を疑うことは，ほぼない。また，より良い世の中をつくるためには，個人の幸福だけでなく，より多くの人の幸福がなければ成り立たないということも知っている。道徳性の発達段階としては，自己本位な志向の強い時期から，思いやり志向へと変容を果たす時期に当たる。一人ひとりの命を大切にすることと，集団全体の多数の幸福の間で医者の仕事を考え悩むことを通じて，命についてより深く考えさせたいと考え，本主題を設定した。内容項目としては，D–⑲「生命の尊さ」だが，多くの周辺価値の内容項目を通して命を考えること，命からまた周辺価値の内容項目を考えることで，より一層，多面的，多角的な学びとなる。

(3) **教材について（タイプ I）**

　貫戸朋子さんは，1955年生まれ。産婦人科の臨床医として勤務の後，留学して心理学の勉強をし，日本で初めて国境なき医師団の登録医となる。内戦地の難民キャンプにおいて，医療援助活動を行い，限られた医療物資の中で最大多数の命を守ることに取り組んだ。ほぼ助からない命を確信して判断したリアルな貫戸朋子さんの状況よりも，モラルジレンマ教材としては，もう少し生徒個人の価値葛藤が起きる設定に改作し，さらに医師の使命を自覚する朋子さんの葛藤ではなく，その判断をどう考えるかという生徒自身の判断を問う形にした。

(4) **学級の実態**　（略）

(5) **価値分析表**

　コールバーグの道徳性の発達段階に照らして，予想される生徒の反応を表1に示した。

表1　価値分析表

酸素ボンベを使い続けるべき（反対）	酸素ボンベを切るべき（賛成）
段階1　罰回避と従順志向，他律的な道徳性	
・この子が死んだら，子どものお母さんから非難される。	・酸素ボンベの酸素を無駄に使ってなくなると，他のスタッフやその後の患者や家族から責められる。
段階2　個人主義・道具的な道徳性	
・自分がマスクをはずしたら，ずっとその子を殺してしまった負い目を自分が背負うことになる。目の前の子の命をとりあえず救おうとすることを優先する。	・酸素を残しておいたら，自分の大切な人の命を救えるかもしれない。後から来る役に立つ人を助けたほうが，その人が誰かを助け，集団全体からも喜ばれる
段階3　良い子志向，対人的規範の道徳性	
・最後まであきらめずに命を救おうとすることに	・「酸素を無駄に使わない」という暗黙のルール

価値を感じる。もしかしたら，次の酸素ボンベが思ったよりも早く送られてくるかもしれない。	を守ることを優先する。もう無理だったと説明すれば親もきっとわかってくれると考える。	

段階4　社会システムと良心の道徳性	
・医者の仕事の本質は，その良心に基づいて，死にそうな人の命を全力で救うことであると考える。	・社会として，最大多数の最大幸福を考えるべきである。医者は，より多くの人の命を効率的に救うことで，社会に貢献する。

❷　展開（1.5時間扱い，もしくは２時間扱いの授業展開）

●第１次の授業（1.5時間扱いの場合は，朝自習等で各自教材を読み，ワークシートを用いて内容確認し，１回目の判断・理由づけを行う。）

配時	学習活動と主な発問	指導上の留意点
展開 5分	1．教材「最後の酸素ボンベ」を読む。	・教材を黙読させる。 （２時間扱いなら教師が読む。）
	2．葛藤状況を理解する。 ○朋子さんは，ハーハー苦しそうに息をしている男の子を5分間，どのような気持ちでながめていたのだろう。 ●切ったらどうなるのか。 ●使い続けたらどうなるのか。 ◎朋子さんが酸素ボンベを切ると判断したことに賛成か，反対か，その理由も考えよう。	ワークシートを用いて内容を確認させる。
終末 5分	3．最初の判断を下し，その理由づけを記述する。 ◎（H）	・1回目の「判断・理由づけカード」への記入を行う。

●第２次の授業の準備

○1回目の判断・理由づけカードの内容を整理し，第２次で用いる書き込みカードを作成する。
○書き込みカードの「理由」部分を拡大したものを黒板掲示用に作成する。
○1回目の判断・理由づけから，論点になりそうな部分を予想し，発問を準備する。

●第２次の授業

配時	学習活動と主な発問	指導上の留意点
導入 前半 5分	前時の学習活動を振り返る。 葛藤状況把握の再確認をし，道徳的価値葛藤をはっきりさせる。 ○朋子さんはどういうことで，心が揺れたのですか。なぜですか。	・教材をもう一度読ませる。 ・葛藤状況を確認する。 ・前時のワークシートを返却し，前時の自分の判断・理由づけを確認させる。
導入 後半 7分	クラスでの理由づけを分類整理した「書き込みカード」に自分の意見を書き込むことにより，自分とは違う他者の考えに気づく。 ○賛成・反対（○×）意見をカードに書こう。	・「書き込みカード」に自分の意見を書き込むことでモラルディスカッションへの準備を行う。 ・発言が苦手な生徒の意見表明の場とする。
展開 前半	いろいろな理由づけに対して相互に意見を述べ合い，論点を明らかにしていく。	・書き込みカードの「理由」の部分を拡大して黒板に掲示する。

13分	○賛成・反対意見を自由に言おう。	・意見が散らばらないように，同じ部分についての意見を発表させる等，進め方を工夫する。 ・教師は対立点がわかるように生徒の意見を板書する。
展開 後半 20分	論点を絞り，さらに意見を出し合う中で，自分の考えを確かなものにしていく。 ○もし，朋子さんが酸素ボンベを使い続けたらどういう結果になりますか。（K） ○もし，朋子さんが酸素ボンベを切ったら，どういう結果になりますか。（K） ○この場合，朋子さんは，子どもの命を最後まであきらめずに救おうとするのではなく，より多くの人の命を救う決断をしました。常に理想だと思いますか。それは医者という仕事の場合でしょうか。個人としてもそうでしょうか。（N） ○人の命を考える時に大切なことは何なのでしょうか。それはなぜでしょうか。	・役割取得を促す発問（Y），結果を類推する発問（K），認知的不均衡を促す発問（N）でディスカッションを方向づけ，生徒の思考を深める。 ・左記の発問をすべて用いるのではなく，ディスカッションの流れに応じて適宜用いる。
終末 5分	道徳的葛藤の場面で主人公，朋子さんはどうすべきかを再度判断し，自分の最も納得する理由づけを行う。 ◎（H）	・2回目の「判断・理由づけカード」への記入を行う。 ・板書を見て納得できる意見を取り入れることもよいと指示する。

❸　授業を行う上での留意点

　本教材におけるジレンマは，どちらも「いのちを大切にする」想いから来ている。判断を分けるのは，医療のプロとしての非常時の判断，あるいは目の前の患者の命を最後まで救いたいという本質的で素朴な感情であろう。話し合っていると，内容項目の生命尊重のことは当然深まる。さらに公平・公正のこと（例えば，政治家とか世の中で大切な人がいたら同じようには扱えない，助けて役に立つ人を優先的に助けたほうが，もっとたくさんの人を救える可能性がある，自分の少しでも関係する人だったら切ることはできない……など）から，命は平等なのかどうかとか，あるいは仕事や社会的使命のこと，公共性など，様々な面から命を考えることになるであろう。2次の理由づけで多面的な思考を促す。

　「もしも自分だったら……」を直接考えると，ちがう要素がいろいろ出てきてしまうので入り込まないようにする。「貫戸さんがどうすべきか…」ということ（当為）で考えると，人数的には「ボンベを切るべき」が多くなる。小学生は医者なら死にそうな人を助けないといけないと考えるが，成長すると，限られた資源の効率や，最大多数の最大幸福ということを理性で考えるようになる。助かる見込みの低い命を見捨てずに救おうとすることと，よりたくさんの命を救おうとすることと，どちらが医者の真の使命だと考えるか，子どもたちの本気の話し合いから発達が期待される。

　なお，大学の教職課程の看護科の学生は，重傷度によって分類して手当てをするトリアージ

を学んでいるので，プロとしては，助かる見込みのない人よりも大勢の人を助ける判断が正しいと考える。仕事としての判断は賛成する上で，さらに，親の気持ちや，自分との関係，命の平等性，それでも見捨てずできる限りのことをしてあげたい……など様々深く考え，当たり前に学んでいることが本当に正しいのか改めて問い直すきっかけとなった。

　子どもたちの話し合いを整理するため，教師はより高い知識を持っておくことが望まれる。今回，貫戸朋子さんに直接お話を伺った。「私は，今でもあれでよかったのか，酸素を切ってよかったのか，実は迷っています。トリアージは，プロとしての傲慢やプロとして人間として自分が知らない未熟さにより，間違いを犯す。優先順位をつけるような資格はあるのだろうか!?」という答えだった。その誠実で深い苦悩に，オープンエンドの意味を改めて感じた。

〈参考〉

【トリアージ】…災害医療等で，大事故，大規模災害など多数の傷病者が発生した際の救命の順序を決めるため，標準化が図られて分類される。その判断基準は使用者・資格・対象と使用者の人数バランス・緊急度・対象場所の面積など，各要因によって異なってくる。医療体制・設備を考慮しつつ，傷病者の重症度と緊急度によって分別し，治療や搬送先の順位を決定することである。助かる見込みのない患者あるいは軽傷の患者よりも，処置を施すことで命を救える患者を優先するというものである。日本では，阪神・淡路大震災以後知られるようになった。平時では最大限の労力をもって救命処置された結果，救命し社会復帰し得るような傷病者も，人材・資材が相対的に著しく不足する状況では全く処置されず結果的に死亡する場合もある。

【最大多数の最大幸福 the greatest happiness of the greatest numbers】…ベンサムによる・イギリス功利主義の理念。幸福とは個人的快楽であり，社会は個人の総和であるから，最大多数の個人がもちうる最大の快楽こそ，人間が目指すべき善であるとする。（大辞林　第三版）・『道徳および立法の原理序説』の前半部分において，人間にとって何が快であり何が苦であるかを哲学的手法によって詳細に論じている。〈田中浩著『国家と個人』（1990・岩波書店）〉

【快楽主義】より…幸福とは人間の求める善であり，それは快楽を求め，苦痛を避ける合理的行動によって達成しうると考える。個人の合理的利己的行動こそ政治の干渉さえ受けなければ，かえって社会の自然の調和を生み，最大善・最大幸福に寄与しうるという。【功利主義】より…ベンサムは《政府論断片》（1776）の中で，〈正邪の判断の基準は最大多数の最大幸福である〉という考えを示し，これを立法の原理とすることで，従来の政治の曖昧さを正そうとした。

【参考図書】

貫戸朋子　2003　『「国境なき医師団」が行く』（That's Japan 008）ウェイツ

NHK「課外授業　ようこそ先輩」制作グループ　2000　『国境なき医師団：貫戸朋子─別冊課外授業ようこそ先輩』
　　KTC 中央出版

ワークシート

最後の酸素ボンベ

名前

年　　組　　番

(1) 書き込みカード

酸素ボンベを切る判断に反対			酸素ボンベを切る判断に賛成		
理　由	○×	意見や質問	理　由	○×	意見や質問
1．この子が死んだら，子どものお母さんから非難される。			1．酸素を無駄に使ってなくなると他のスタッフやその後の患者や家族から責められる。		
2．マスクをはずしたら，その子を殺してしまった負い目を自分が背負うことになる。目の前の子の命を救うことを優先。			2．酸素を残しておくと，もっと大切な人の命を救えるだろうし，後から来る役に立つ人を助けたほうが，集団全体からも喜ばれる。		
3．最後まであきらめずに命を救うことに価値がある。次の酸素ボンベが早く送られてくるかもしれない。			3．「酸素を無駄に使うな」という暗黙のルールを優先。もう無理だと説明すれば親もきっとわかってくれる。		
4．医者の仕事の本質は，その良心に基づいて，死にそうな人の命を全力で救うことであると考える。			4．社会として最大多数の最大幸福を考えるべき。医者はより多くの人の命を効率的に救うことで社会に貢献。		

(2) 判断・理由づけカード

酸素ボンベを切る判断に反対	酸素ボンベを切る判断に賛成
そう考えた理由は？	
....	
....	
....	
....	
....	

⑩ ショーン・オキーフ NASA 長官の決断

対象
中学校2〜3年生
内容項目
C－(17) 国を愛する態度
D－(19) 生命の尊さ

　その悲劇は突然に始まった。2003年2月1日，16日間にわたって地球周回軌道上で科学実験を行ってきたスペースシャトル・コロンビアが任務を終え，地球に帰還するため大気圏内に突入した際，空中分解を起こしたのである。リック・ハズバンド機長以下7名の搭乗員のかけがえのない生命が犠牲となってしまった。

　悲劇はこれだけに留まらなかった。同じ時期，国際宇宙ステーション（ISS）で第6次長期滞在チーム（エクスペディション6）の3名の宇宙飛行士，ケネス・バウアーソックス（アメリカ），ニコライ・ブダーリン（ロシア），ドナルド・ペティット（アメリカ）をも危機にさらすことになったのである。シャトルがなければ，地球に帰れない……。

　当時，アメリカは4機のシャトルを保有していたが，コロンビアの事故原因が解明され再発防止策ができない限り，いずれのシャトルも飛ばすことはできない。事実，この後のシャトルの打ち上げは，2005年7月のディスカバリー打ち上げまで待つことになる。

　アメリカ航空宇宙局（NASA）のショーン・オキーフ長官は，エクスペディション6の救出を最優先課題としながら，さらに3つの難題を抱えていた。それは，

① 　ISS を今後も維持しなければならないこと
② 　ロシアのソユーズは信頼できるのかどうか
③ 　宇宙開発におけるアメリカの優位性を保つことであった。

　①の難題について。ISS には緊急脱出用として常時ロシアのソユーズがつながれている。3人乗りのこの宇宙船を使えばエクスペディション6の3名を全員救出することは可能だが，ISS を無人にすることになってしまう。シャトルの再開時期が不確定な今，いつまた滞在チームを送り込めるかは定かではない。最悪の場合，国際協力のもと多額の資金を投じてきた ISS を放棄することになってしまう。

　②の難題について。そのとき ISS につながれていたソユーズは，アメリカの要求にこたえて最新型に取り換えられたばかりのものだった。そのため，ロシアはまだ一度もこの新型ソユーズのテストを行っていなかったのである。実際に使用すれば，何らかの問題が起こる可能性は否定できない。

　③の難題について。①の問題を解決する手段として，ISS の運用開始以来ロシアが半年ごとに行っている「タクシー・ミッション」を利用する方法が考えられる。ソユーズの船体の耐用年数は約200日とされているため，半年ごとに交換する必要がある。このタクシー・ミッションでは，通常打ち上げられた新しいソユーズに乗った搭乗員が，ISS につながれていた古いソ

ユーズに乗り換えて地球に戻る。今回はその代わりにエクスペディション 7 のメンバーを選出してソユーズで ISS に向かわせ，エクスペディション 6 を今 ISS につながれているソユーズで帰還させるのである。

　②の難題が解決しなければ，「タクシー・ミッション」の利用も難しいが，仮に成功すれば，これまでシャトルを中心に築いてきた宇宙開発における NASA の優位性は，ロシアのものとなってしまう。もちろん，ISS の運用についてもロシアの発言力が大きくなり，アメリカの宇宙開発が遅れをとってしまうことにもなりかねない。アメリカのプライドを損なうかもしれない事態をアメリカ国民は受け入れられるだろうか。また，この選択をした場合，バウアーソックスとペティットは，外国の宇宙船で帰還する初のアメリカ人宇宙飛行士となる……。

　しかし，時間はない。NASA のロゴと星条旗をじっと見つめながらオキーフ長官は最後の決断を下そうとしている。

> オキーフ長官は，「タクシー・ミッション」の利用を選択すべきか。選択すべきでないか。

◆「タクシー・ミッション」を利用するべき。
◆「タクシー・ミッション」を利用するべきではない。

（森川　智之　作）

【参考文献】

クリス・ジョーンズ著，河野純治訳　2008　『絶対帰還。宇宙ステーションに取り残された 3 人，奇跡の救出作戦』光文社

宇宙開発事業団（NASDA）　2003　「コロンビア号事故調査 NASA 記者会見状況 2 月 7 日（仮訳）」国立研究開発法人宇宙航空研究開発機構（JAXA）　http://iss.jaxa.jp/shuttle/flight/sts107/sts_accident/nasda_reports/sts107-02.html#01

宇宙ステーション・きぼう広報・情報センター　2007　「第 6 次長期滞在クルー」国立研究開発法人宇宙航空研究開発機構（JAXA）　http://iss.jaxa.jp/iss/crew/doc01.html#06

宇宙ステーション・きぼう広報・情報センター　2003　「国際宇宙ステーションへのソユーズ　宇宙船交換／クルー交代ミッション（6S）」国立研究開発法人宇宙航空研究開発機構（JAXA）　http://iss.jaxa.jp/iss/6s/index.html

宇宙情報センター　2014　「アメリカ航空宇宙局」国立研究開発法人宇宙航空研究開発機構（JAXA）　http://spaceinfo.jaxa.jp/ja/nasa.html

❶ 「ショーン・オキーフNASA 長官の決断」の授業実践

(1)　**主題名**「プライド」　　**教材名**「ショーン・オキーフ NASA 長官の決断」

(2)　**主題設定の理由（ねらい）**

　若干ステレオタイプ的な考え方であると自戒しながら。ある文化の下で育った者には一定程度共通するメンタリティが存在するのではないか。そして，極限の判断を求められた時，その判断に意外なほどバイアスをかけるのではないか。アメリカ人の場合，それはフロンティア・スピリッツと呼ばれるものではないか。目の前に開拓すべきフロンティアを与えられた時，アメリカ人は驚くべき力を発揮する。西部開拓しかり，宇宙開発またしかりである。では，逆にそれを奪われるかもしれない事態に陥った状況で彼らはどのような道徳判断を下すのか。このような疑問を抱えている中で，本教材の原作と出会った。そして，そこに描かれた極限の状態を何とかモラルジレンマにできないかと考えた。そして，これを通じて，自らの文化（プライド）を考える端緒にできればとの考えから本主題を設定した。

(3)　**教材について（タイプⅡ）**

　スペースシャトルの事故により ISS に取り残された3名の宇宙飛行士。彼らを救い出す手立ては，ロシアのソユーズによる「タクシー・ミッション」に頼るしかないのか。3名の生命は絶対救わなければならないが，そのために宇宙開発にかけるアメリカのプライドを捨てることができるのか。またアメリカ国民はそれを容認できるのか。NASA 長官であるショーン・オキーフは，「タクシー・ミッション」を利用するべきか，するべきではないか。

(4)　**学級の実態**　（略）

(5)　**価値分析表**

　コールバーグの道徳性の発達段階に照らして，予想される生徒の反応を表1に示した。

表1　価値分析表

「タクシ・ーミッション」を利用するべき	「タクシー・ミッション」を利用するべきではない
段階1　罰回避と従順志向，他律的な道徳性	
・助けられなかったら家族に非難されるから。	・アメリカ世論の非難を浴びるから。
段階2　個人主義，道具的な道徳性	
・ここは一時ロシアに譲ってでも，3名の救出を優先する。	・ロシアに頼るぐらいなら，原因不明のままだが，シャトルで救出に向かわせる。
段階3　良い子志向，対人的規範の道徳性	
・100％とは言えないまでも，より3名の生還の可能性が高い方法をとるべき。	・テストもしていないソユーズに任せるぐらいなら，自国の技術を信じてシャトルを使う。
段階4　社会システムと良心の道徳性	
・NASA も国家機関の1つである以上，国民である2名の生命はもちろんのこと，他国の乗組員の生命をも何としても守らなければならない。そのための国際協力に躊躇している場合ではない。	・NASA の活躍は，アメリカの国益の象徴でもある。今後 ISS での主導権を失うことになれば，他の分野でもアメリカの地位が低下し，結果として世界中に悪影響を及ぼすことにもなりかねない。

❷　展開（2時間扱い及び1.5時間扱いの授業展開）

●第1次の授業（1.5時間扱いの場合は，第1次を行わず，朝自習や宿題で各自教材を読み，1回目の判断・理由づけを行う。）

配時	学習活動と主な発問	指導上の留意点
展開 45分	1．教材「ショーン・オキーフ NASA 長官の決断」を読む。	・立ち止まり読みを用いることにより，教材に描かれている状況を確実に把握させる。 ・切実感を際立たせるようにする。
	2．葛藤状況を理解する。 ○救出のためシャトルを打ち上げることが絶望的であることを確かめる。 ○オキーフの抱える3つの課題はどのようなものだったか。 ○「タクシー・ミッション」を利用する際のデメリットについてオキーフはどのように考えていたか。	・3つの課題を確実に把握させる。 ・「プライド」というキーワードを押さえる。
終末 5分	3．最初の判断を行い，その理由づけを記述する。 ◎オキーフ長官は，「タクシー・ミッション」の利用を選択すべきか。選択すべきでないか。（H）	・1回目の「判断・理由づけカード」への記入を行わせる。

●第2次の授業の準備

○1回目の判断・理由づけカードの内容を整理し，第2次で用いる書き込みカードを作成する。
○書き込みカードの「理由」部分を拡大したものを黒板掲示用に作成する。
○1回目の判断・理由づけから，論点になりそうな部分を予想し，発問を準備する。

●第2次の授業

配時	学習活動と主な発問	指導上の留意点
導入 前半 5分	葛藤状況把握の再確認をし，道徳的葛藤の明確化を行う。 ○オキーフ長官は，どのような問題を抱えていましたか。	・葛藤状況を確認させる。 ・前時のワークシートへの記入内容を確認させる。
導入 後半 10分	学級全員の理由づけを分類した「書き込みカード」に自分の意見を書き込むことにより，自分とは違う他者の考えに気づく。 ○賛成・反対（○×）意見や質問をカードに書きましょう。	・「書き込みカード」に自分の意見を書き込むことで討論への準備を行わせる。 ・発言が苦手な生徒の意見表明の場とする。
展開 前半 15分	様々な理由づけに対して相互に意見を述べ合い，論点を明らかにしていく。 ○賛成・反対意見を自由に言おう。	・書き込みカードの「理由」の部分を拡大して黒板に掲示する。 ・意見が散らばらないように，同じ部分についての意見を発表させる等，進め方を工夫する。 ・教師は対立点がわかるように生徒の意見を板書する。
展開 後半	論点を絞り，さらに意見を出し合う中で，自分の考えを確かなものにしていく。	・役割取得を促す発問（Y），結果を類推する発問（K），認知的不均衡を促

15分	○もし，「タクシー・ミッション」を利用しなかった場合，どのような結果が生じるだろうか。（K） ○もし，「タクシー・ミッション」を利用して3名が無事生還した場合，アメリカ国民は手放しで喜ぶだろうか。（Y） ○NASA長官であるオキーフが，この場合一番重きを置くべきことは，3名の生命以外では何か。（N）	す発問（N）でディスカッションを方向づけ，生徒の思考を深める。 ・左記の発問をすべて用いるのではなく，ディスカッションの流れに応じて適宜用いる。
終末 5分	道徳的葛藤の場面でどうすべきかを再度判断し，自分の最も納得する理由づけを行う。 ◎オキーフ長官はどうするべきだろう。（H）	・2回目の「判断・理由づけカード」への記入を行う。 ・板書を参考に，納得できる意見を取り入れるよう指示する。

第2次の板書計画

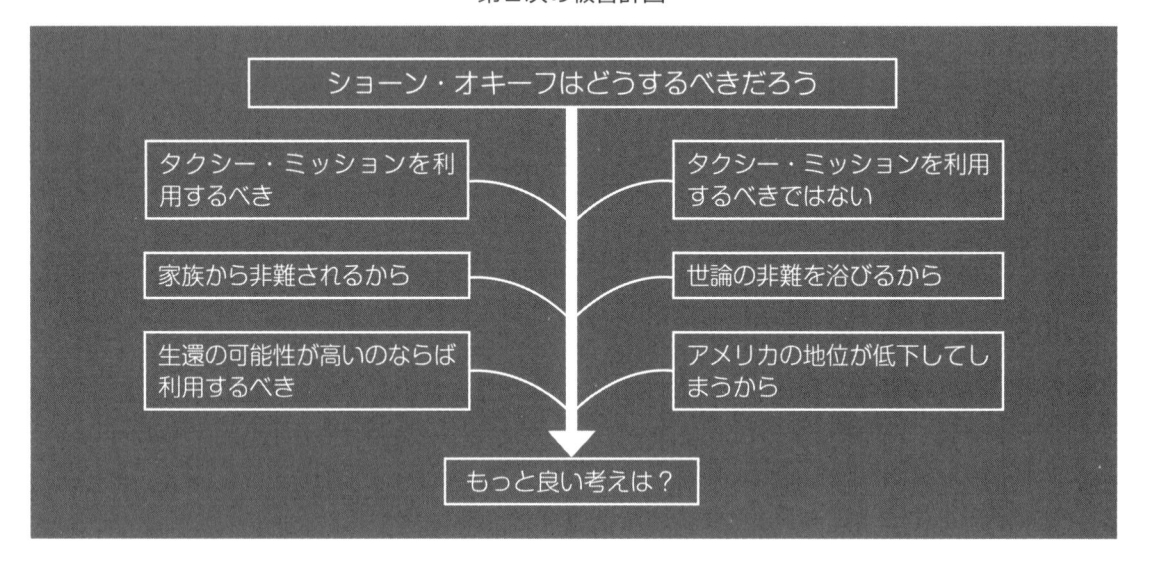

❸ 授業を行う上での留意点

　本授業では，主題名を「プライド」としている。内容項目上は「C．国を愛する態度」となる。対する内容項目が「D．生命の尊さ」であるため，単純に捉えれば，「生命は何事にも代えがたい」論で終わってしまう。そうならないように，宇宙開発におけるアメリカの自負をある程度感得させていきたい。3名もの人命を前にしても目の前をちらつくプライドとは何か，なぜ，そこまで人の道徳判断に影響を及ぼすのか。この事例を突き詰めて考えていく中で，振り返って自己のプライド（＝国を愛する態度）についても真摯に向き合える基礎が築ければと考える。

　また，授業の後で，本教材の原作であるクリス・ジョーンズ著『絶対帰還。宇宙ステーションに取り残された3人，奇跡の救出作戦』を勧めてみるのも一考である。

ショーン・オキーフ NASA 長官の決断

名前	年　　　組　　　番

(1) 書き込みカード

「タクシー・ミッション」を利用するべき			「タクシー・ミッション」を利用するべきではない		
理　由	○×	意見や質問	理　由	○×	意見や質問
1．家族から非難されるから。			1．世間の非難を浴びるから。		
2．生還の可能性が高いのならば利用すべき。			2．アメリカの地位が低下してしまうから。		
3．途中で思いついた理由があればここへ			3．途中で思いついた理由があればここへ		

(2) 判断・理由づけカード

「タクシー・ミッション」を利用するべき	「タクシー・ミッション」を利用すべきではない
そう考えた理由は？	

① TMT～聖地マウナ・ケアをめぐって

対象
中学校3年生～高校生
内容項目
A-(5) 真理の探究，創造
C-(16) 郷土の伝統と文化の尊重

　マウナ・ケア，標高4205メートル。ハワイ島の最高峰である。ハワイ語で「白い山」を意味するこの山の頂は，ハワイの先住民にとって雪の女神ポリアフのほか多くの神々が住まう神聖な場所である。

　一方，マウナ・ケアの頂上付近は，世界中で最も天体観測に適した場所として有名である。晴天日が年間300日にのぼる上，ふもとの人口もさほど多くないことから人明かりの影響もほとんどない。4000メートル以上の高地でありながら，頂上まで車による物資輸送が可能である。こうした好条件から，2015年現在，13基の天文台が設置されている。この望遠鏡群は，これまでに様々な天文学上の発見に貢献してきた。日本のすばる望遠鏡もその1つである。

　TMT（Thirty Meter Telescope＝30メートル望遠鏡）は，2024年の運用開始を目指して，日本・アメリカ・カナダ・中国・インドの国際協力によってマウナ・ケアでの建設計画が進められている次世代超大型天体望遠鏡である。これが完成すれば，太陽系外惑星の生命の存在を探ったり宇宙の始まりのなぞに迫ったりといった高度な観測が可能になるという。

　ところが，最近TMTを含めた天文台が大問題となっている。ハワイ先住民のグループが，神聖な場所にこれ以上巨大な建築物をつくるのは許せないとして，TMT建設反対運動を展開しているのだ。また，マウナ・ケアに生息する絶滅危惧種の昆虫の保護を求める環境団体や歴史的・文化的価値のある地域の保全を求める歴史・文化グループも出てきている。こうしたグループの中にはTMTだけでなく既存の天文台の撤去を求める者もいるという。

　こうした状況の中，反対側グループがハワイ州の最高裁判所に対し，TMT建設の前提としてすでに承認されていた「保護地区利用許可」の取り消しを求める裁判を起こした。

> この裁判において，ハワイ州最高裁判所は，「保護地区利用許可」の取り消しを認めるべきか。それとも訴えを退けるべきか。

◆許可の取り消しを認めるべき。
◆訴えを退けるべき。

（森川　智之　作）

【参考】

マウナ・ケア天文台群主な望遠鏡

望　遠　鏡　名	設置年・観測開始年
NASA300cm赤外線望遠鏡	1979年
カナダ・フランス・ハワイ大学連合358cmカセグレン式望遠鏡	1979年
イギリス380cm赤外線望遠鏡	1979年
カリフォルニア工科大学10.4mサブミリ波用電波望遠鏡	1987年
ジェームズ・クラーク・マクスウェル15mミリ波用電波望遠鏡	1988年
カリフォルニア大学1000cm可視赤外線用望遠鏡	1993年
アメリカ国立天文台25mミリ波用電波望遠鏡	1993年
820cmすばる大型光学赤外線望遠鏡	1999年
ジェミニ北8m光学赤外線望遠鏡	1999年

〈雪の女神ポリアフの伝説で今も残っている話の一節〉

　雪の女神ポリアフは，マウナ・ケアの東の山腹で人間たちとともに暮らしていました。

　ある日，人間たちとそり滑りをしていると，なぞの美人が現れました。なぞの美人は，そり滑りに参加し，ポリアフに勝負を挑んできました。

　最初の競争。ポリアフは，なぞの挑戦者をあっさりと抜き去り，勝利を収めます。なぞの挑戦者はそりの交換を要求します。ポリアフは寛大にもそりの交換に応じました。

　再戦。ポリアフはまたもや勝利を収めます。なぞの挑戦者は3度目の競争を要求します。

　3度目の競争。何としても勝ちたい挑戦者は，ポリアフの妨害を始めます。何とポリアフの眼前に溶岩流を出現させたのです。このことで，このなぞの挑戦者が火山の神ペレであることがばれてしまいました。

　ポリアフは，強烈なペレの攻撃に動揺しましたが，一気にマウナ・ケアの山頂へと駆け上がります。そこで，落ち着きを取り戻したポリアフは，溶岩流に雪をぶつけて凍らせ，これを島の南端に閉じ込めました。

　この戦いはポリアフが勝利を収めた形ですが，ポリアフはペレをハワイ島から追い出すことはしなかったそうです。

【参考文献】

国立天文台 TMT 推進室 Web ページ　1994　自然科学研究機構　国立天文台　http://tmt.nao.ac.jp/

Keawe Vredenburg　2016　Poliʻahu and Pele: Legend as information science,

　Na Maka o ka Aina　http://www.mauna-a-wakea.info/maunakea/B1_poliahu.html

❶ 「TMT～聖地マウナ・ケアをめぐって」の授業実践

(1) **主題名**「科学振興か伝統継承か」　　**教材名**「TMT～聖地マウナ・ケアをめぐって」

(2) **主題設定の理由（ねらい）**

　科学の進歩は，人間の生活をより便利なものへと変えてきた。今後もそれは続いていくだろう。一方で，旧来から長く人々に根付いてきた信仰は，別の意味で人々の心を豊かにしてくれている。本教材では，この両者が相容れない状況を事実を基に描いている。人間にとって欠くことのできないこの両者の葛藤の解決を試みることで，両者の持つ意味をより深く考えることができるのではないかと考え，本主題を設定した。

(3) **教材について（タイプⅡ）**

　ハワイ島の最高峰マウナ・ケアには，その好条件から各国の天文台が計13基設置されている。そこに，日・米・加・中・印5か国の協力により直径30mに及ぶ大望遠鏡 TMT を備えた新天文台の建設計画が持ち上がる。これに対してマウナ・ケアを信仰の対象とするハワイ先住民のグループが建設反対運動を始める。他の立場の反対グループも増える中，TMT 建設の前提となっていた「保護地区利用許可」の取り消しを求める裁判がハワイ州最高裁判所において始められた。最高裁判所は「保護地区利用許可」の取り消しを認めるべきか，訴えを退けるべきか。

(4) **学級の実態**　　（略）

(5) **価値分析表**

　コールバーグの道徳性の発達段階に照らして，予想される生徒の反応を表1に示した。

表1　価値分析表

許可の取り消しを認めるべき	訴えを退けるべき
段階1　罰回避と従順志向，他律的な道徳性	
・ハワイ先住民を初めとする反対側グループがより過激な運動を起こす恐れがあるから。	・この計画に参加している諸外国からの抗議が予想されるから。
段階2　個人主義，道具的な道徳性	
・マウナ・ケアと最も親密に暮らしている先住民の意見を重く見るべきだから。	・国際的な協力関係を壊してしまうような決定は避けるべきだから。
段階3　良い子志向，対人的規範の道徳性	
・国際協力の重要性，天文学的な重要性は認めなければならないが，長く続いた伝統的な信仰はより大切にしなければならない。	・先住民の思いや保護を訴える人々の気持ちは重要であるが，各国との信頼関係や天文学の発展の観点から判断しなければならない。
段階4　社会システムと良心の道徳性	
・正当な手続きを経て認められた許可であっても，先住民の信教の自由や環境・文化の面で悪影響が懸念される状況であれば，いったん許可を取り消した上で，それぞれの問題を精査すべきである。	・許可自体が正当な手続きを経て認められたものであり，総合的に判断して今後の天文学の進歩に大きく寄与するものであるから，訴えを退けた上で反対派の理解を得るよう努力するべきである。

❷ 展開（2時間扱い及び1.5時間扱いの授業展開）

●第1次の授業（1.5時間扱いの場合は，第1次を行わず，朝自習や宿題で各自教材を読み，1回目の判断・理由づけを行う。）

配時	学習活動と主な発問	指導上の留意点
展開 45分	1．教材「TMT〜聖地マウナ・ケアをめぐって」を読む。	・立ち止まり読みを用いることにより，教材に描かれている状況を確実に把握させる。
	2．葛藤状況を理解する。 ○ハワイ先住民にとって，マウナ・ケアはどのような存在か。 ○天文学にとって，マウナ・ケアはどのような存在か。 ○TMT建設の意義はどのようなものか。 ○TMT建設に反対する意見にはどのようなものがあったか。	・大切さを際立たせるようにする。 ・最高の立地であることを際立たせるようにする。 ・天文学上の価値を確かめさせる。 ・先住民グループ以外の立場については，ここではそれほど深入りさせない。
終末 5分	3．最初の判断を行い，その理由づけを記述する。 ◎ハワイ最高裁判所は，「保護地区利用許可」の取り消しを認めるべきか。それとも訴えを退けるべきか。（H）	・1回目の「判断・理由づけカード」への記入を行わせる。

●第2次の授業の準備

○1回目の判断・理由づけカードの内容を整理し，第2次で用いる書き込みカードを作成する。
○書き込みカードの「理由」部分を拡大したものを黒板掲示用に作成する。
○1回目の判断・理由づけから，論点になりそうな部分を予想し，発問を準備する。

●第2次の授業

配時	学習活動と主な発問	指導上の留意点
導入 前半 5分	葛藤状況把握の再確認をし，道徳的葛藤の明確化を行う。 ○ハワイ州最高裁判所は，どのような裁判を始めることになりましたか。 ○なぜ，このような裁判が始められたのですか。	・葛藤状況を確認させる。 ・前時のワークシートへの記入内容を確認させる。
導入 後半 10分	学級全員の理由づけを分類した「書き込みカード」に自分の意見を書き込むことにより，自分とは違う他者の考えに気づく。 ○賛成・反対（○×）意見や質問をカードに書きましょう。	・「書き込みカード」に自分の意見を書き込むことで討論への準備を行わせる。 ・発言が苦手な生徒の意見表明の場とする。
展開 前半 15分	様々な理由づけに対して相互に意見を述べ合い，論点を明らかにしていく。 ○賛成・反対意見を自由に言おう。	・書き込みカードの「理由」の部分を拡大して黒板に掲示する。 ・意見が散らばらないように，同じ部分についての意見を発表させる等，進め

		方を工夫する。 ・教師は対立点がわかるように生徒の意見を板書する。
展開 後半 15分	論点を絞り，さらに意見を出し合う中で，自分の考えを確かなものにしていく。 ○もし，「保護地区利用許可」が取り消された場合，どのような結果が生じるだろうか。（K） ○もし，「保護地区利用許可」が取り消された場合，世界の天文学者たちはどう思うだろうか。（Y） ○もし，訴えが退けられた場合，ハワイ先住民はどう思うだろうか。（Y） ○国際問題も絡む中，最高裁判所は，何に重きを置いて決定を下すべきか。（N） ○より高度な観測ができなくなっても，許可を取り消すべきか。（N）	・役割取得を促す発問（Y），結果を類推する発問（K），認知的不均衡を促す発問（N）でディスカッションを方向づけ，生徒の思考を深める。 ・左記の発問をすべて用いるのではなく，ディスカッションの流れに応じて適宜用いる。
終末 5分	道徳的葛藤の場面でどうすべきかを再度判断し，自分の最も納得する理由づけを行う。 ◎ハワイ州最高裁判所はどのような決定を下すべきだろうか。（H）	・2回目の「判断・理由づけカード」への記入を行う。 ・板書を参考に，納得できる意見を取り入れるよう指示する。

第2次の板書計画

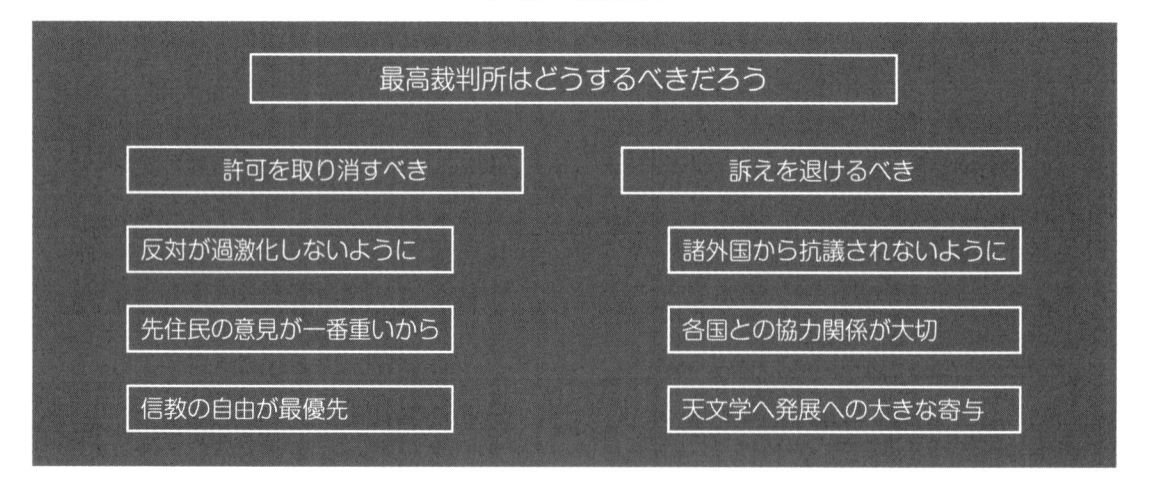

❸ 授業を行う上での留意点

　マウナ・ケアへの信仰がどのようなものかを知る手立てとして参考にあげた「雪の女神ポリアフの伝説」を必要に応じて活用されたい。TMT 自体はおそらく世界中の天文学者たちが心待ちにしていると思われるが，TMT に関する日本の立場については，国立天文台 TMT 推進室（http://tmt.nao.ac.jp/）に詳しい紹介があるので，こちらも必要に応じて適宜参照されたい。世界中いずれの高峰でも信仰の対象になっている場合が多い。マウナ・ケア以外の選択肢は機械的に排除した上で，葛藤の解決に向けた思考を促すように授業を組み立てるべきだと考える。

ワークシート

TMT〜聖地マウナ・ケアをめぐって

名前　　　　　　　　　　年　　組　　番

（1）書き込みカード

許可の取り消しを認めるべき			訴えを退けるべき		
理　由	○×	意見や質問	理　由	○×	意見や質問
1．反対が過激化しないように。			1．諸外国から抗議されないように。		
2．先住民の意見が一番重いから。			2．各国との協力関係が大切だから。		
3．信教の自由の保障が最優先だから。			3．天文学の発展への大きな寄与となるから。		

（2）判断・理由づけカード

許可の取り消しを認めるべき	訴えを退けるべき
そう考えた理由は？	
....	

② **塾講師の悩み**

対象
中学校3年生〜高校生
内容項目
C−⑾ 公正，公平，社会正義
C−⒂ よりよい学校生活，集団生活の充実

「……先生？　鈴木先生？」

「……えっ？　あっごめん。ちょっと考えごとをしていて。」

「それくらい，私に教えるのが難しいってこと？　私の志望校合格は鈴木先生にかかっているんだよ。だから私，前よりもまじめに授業を聞いて勉強しているでしょ？」

鈴木さんは，塾生で中学3年生のちひろさんの冗談に苦笑いしながら，自分のほおをピシッと強めにたたいた。

　鈴木さんは大学2年生で，卒業後は教師になりたいと考えている。そこで2年生になる時，週3日で個別指導塾の講師を始めた。もともと，子どもたちと関われて教え方も学べる教育関係のアルバイトをしたかったのだが，1年生の時は大学の講義が多く，仕方なくあきらめたのだ。

　塾で教える日の鈴木さんは，とても忙しい。数学と理科の得意な鈴木さんは塾にとってもありがたく，研修期間が終わると，週3日はすぐに授業でうまった。大学の講義が終わると急いで塾へ行き，授業の準備をして子どもたちをむかえる。授業後は報告書を作成し，正社員の増田さんに提出したらようやく1日の仕事が終わる。日付の変わる頃に帰宅したら，遅い夕食をとってすぐに寝る。これが，週に3日やってくる鈴木さんの日常になった。

　もちろん，塾のない日もひまではない。塾で教えるための予習があるからだ。大学生の鈴木さんでも，中学生と高校生を相手にわかりやすく教えるのは簡単ではない。大学に通う行き帰りや昼休みは，貴重な予習時間に変わった。

　鈴木さんは，そんな忙しい日々に大きなやりがいを感じていた。同じ大学に通うアルバイト仲間とも仲良くなった。だれかが決まった曜日に働けない時は，協力して授業を持ち合い，チームワークを深めた。しかし，教師をめざす鈴木さんには何より，子どもたちの成長を見守れることが本当にうれしいのだ。ちひろさんたちの役に立てるなら，どんなに忙しくてもかまわない。向上心でいっぱいの鈴木さんは，この時はそう思っていた。

　鈴木さんの生活は，夏が終わる頃から変わっていた。夏期講習の間，鈴木さんは土曜日も含めて週5日で働いた。夏から塾に通い始める生徒も少なくないし，塾生一人ひとりの授業数が増えるからだ。そして，夏期講習後の9月になっても，鈴木さんの週5日勤務は続いた。増田さんからは，塾生が増えたので各講師の担当も増やさないといけない，講師の募集をしている

ので少ししたら楽になるから，と説明された。鈴木さんも，9月は大学がまだ休みなのでなんとかなると考えていた。

　ところが，10月になって大学が再開しても，週5日の勤務は変わらなかった。講師の募集に人が集まらないのだ。鈴木さんは大学と塾を両立するため，寝る時間をけずって塾の予習にあてた。しばらくは気合でのりきれたが，ひと月もすると，睡眠不足から大学で居眠りをしてしまうようになった。通学の電車内でも寝てしまうので予習ができず，さらに夜に寝る時間をけずらないといけなくなった。そしてついに，教えるのに集中できていないことを，ちひろさんに指摘されてしまったのだ。

　鈴木さんは，週5日の勤務は続けられないので担当を減らしてほしいと，増田さんに訴えた。すると，いつもはおだやかな増田さんの表情がけわしくなった。

　「鈴木先生，子どもたちは先生がたをとても信頼していて，特に受験生は最後まで面倒をみてほしいと思っています。鈴木先生はそんな子どもたちを裏切るんですか。」

　「裏切るとか，そんなつもりではありません。でも，大学と塾で大変なんです。」

　「大変なのは子どもたちも私たちも同じです。大変だからこそ，みんなで協力してみんなで成長していきましょう。今の話は聞かなかったことにしますから。」

　増田さんの迫力に押された鈴木さんは，子どもたちのためにもがんばらなければと，一度は思い直した。しかし，睡眠不足であることに変わりはない。数日後，夜にほとんど寝られなかった鈴木さんは，電車内で熟睡して大学の最寄り駅を寝過ごしてしまい，その日の講義の小テストを受けることができなかった。小テストの欠席で，この講義の成績評価は受けられない……。鈴木さんは落ち込んで，週5日で教えないといけないならこれ以上続けられそうにないと，アルバイト仲間に打ち明けたが，仲間からは思わぬ答えが返ってきた。

　「鈴木さんが辞めたら，ちひろさんたちはショックだろうね。でも，そのちひろさんたちを次に担当するのが私たち，他のアルバイトだってことも忘れないでほしいな。私たちも今の担当で必死だから，担当する子がさらに増えたら，鈴木さんに対してどう思うだろうね。」

　鈴木さんは塾と大学のことで頭がいっぱいになり，どうしたらよいかわからなくなってしまいました。

> 鈴木さんは塾のアルバイトを続けるべきですか，それとも辞めるべきですか。それはなぜですか？

◆塾のアルバイトを続けるべき。
◆塾のアルバイトを辞めるべき。

（小林 将太　作）

❶ 「塾講師の悩み」の授業実践

(1) **主題名**「公正で責任ある働き方」　　　**教材名**「塾講師の悩み」

(2) **主題設定の理由（ねらい）**

　授業のねらいは，「アルバイトをめぐる鈴木さんの苦境を理解しそれに共感しながら，公正で責任ある働き方について認識を深める」とした。中学生において，利己的な態度を脱して他者志向を獲得することは大切である。ただし，私的関係では望ましい他者志向的な考えや行為が，法に基づき営まれる公の組織でも同様に望ましいとは限らない。本授業では，生徒にもなじみのある仕事を例に，社会全体で実現すべき公正でかつ責任のある生き方を探究したい。

(3) **教材について（タイプⅡ）**

　塾講師として働く大学生の鈴木さんが，塾からの「職場への過剰な組み込み」（大内・今野2015a）に苦悩する話である。過剰な勤務には，指導経験の蓄積，子どもたちの役に立てる達成感，及び人間関係の維持などのメリットと，大学での勉強にさらに支障が出ることや，心身の健康を害することなどのデメリットがあると考えられる。しかし，鈴木さんを取り巻く一番の問題は，非正規雇用の学生アルバイトに過剰な責任を負わせていること，そしてそうさせないと成り立たない産業構造である。責任感や向上心から学生が職場へと過剰に組み込まれる状況について，実際に勤務を辞める難しさにも共感させながらともに考えたい。関係する周辺価値にB −(6)思いやり，感謝，C −(10)遵法精神，公徳心，C −(13)勤労がある。

(4) **学級の実態**　　（略）

(5) **価値分析表**

　コールバーグの道徳性の発達段階に照らして，予想される生徒の反応を表1に示した。

表1　価値分析表

塾のアルバイトを続けるべき	塾のアルバイトを辞めるべき
段階1　罰回避と従順志向，他律的な道徳性	
・増田さんが豹変して怒り出すかもしれない。	・ちゃんと授業ができず，保護者から苦情を受ける。
段階2　個人主義・道具的な道徳性	
・授業を多く担当できて教え方がより上手になる。 ・増田さんの言うように，自分の成長につながる。	・寝不足どころか，体調を崩す。 ・寝不足で大学の講義をさらに落としてしまう。
段階3　良い子志向，対人的規範の道徳性	
・ちひろさんなど，子どもたちの期待を裏切れない ・アルバイト仲間に迷惑をかけられない。	・大学に通わせてもらっている家族に申し訳ない。 ・大学の先生に不真面目な学生と思われたくない。
段階4　社会システムと良心の道徳性	
・塾講師は，受験が終わるまでが一区切りである。 ・大学生活とアルバイトとの両立困難を理由に皆が辞めたりしたら，塾は成り立たない。	・大学生の本分は，大学で学ぶことである。 ・大学生活とアルバイトでアルバイトを優先しないといけないなら，誰も学びたいことを学べない。

❷ 展開（2時間扱いの授業展開）

●第1次の授業

配時	学習活動と主な発問	指導上の留意点
展開 40分	1．教材を「……指摘されてしまったのだ。」まで読む。 ○鈴木さんが週3日で教えている時の「やりがい」とはどんなものですか。 ○集中できていないことをちひろさんに指摘されてしまって，鈴木さんは何を思ったでしょうか。 2．教材の残りを読み，葛藤状況を理解する。 ○電車で寝過ごして小テストを受けられないとわかった時，鈴木さんはどう思ったでしょうか。 ○アルバイト仲間から言われたことに，鈴木さんはどう思ったでしょうか。	・教材は教師が範読する。 ・出来事を時系列で板書していきながら，鈴木さんが抱いている気持ちや思いについて考えさせる。 ・大学の講義のシステムについて補足説明をする。 ・第2次の授業時に，第1次の板書を見返せるよう，板書を画像保存するなどしておく。
終末 10分	3．最初の判断を下し，その理由づけを記述する。 ◎鈴木さんは塾のアルバイトを続けるべきですか，それとも辞めるべきですか。それはなぜですか。	・1回目の「判断・理由づけカード」への記入を行う。

●第2次の授業の準備

> ○1回目の「判断・理由づけカード」の内容を整理しておく。
> ○1回目の判断・理由づけから，論点になりそうな部分を予想し，発問を準備する。

●第2次の授業

配時	学習活動と主な発問	指導上の留意点
導入 前半 5分	1．前時の学習活動を振り返るとともに，葛藤状況を再確認し，道徳的葛藤の明確化を行う。 ○鈴木さんはどういう状況にありましたか。 ○なぜ悩んでいるのですか。	・第1次の板書を提示する。 ・葛藤状況を確認する。 ・前時のワークシートを返却し，前時の自分の判断・理由づけを確認させる。
導入 後半 7分	2．クラスでの理由づけを分類整理した「書き込みカード」に自分の意見を書き込むことで，他者の考えに気づく。 ○賛成・反対（○×）意見をカードに書こう。	・「書き込みカード」に自分の意見を書き込むことで，ディスカッションへの準備を行う。
展開 前半 13分	3．学級全体で，いろいろな理由づけに対して相互に意見を述べ合い，論点を明らかにしていく。 ○賛成・反対意見を自由に言おう。	・教師は，生徒たちの意見の対立点や関係性がわかりやすくなるように板書する。 ・論点が拡散しないよう，同じ論点の意見を続けて発表させるなどの工夫をする。
展開 後半 18分	4．論点を絞り，さらに意見を出し合う中で，自分の考えを確かなものにしていく。 ○もしアルバイトを続けた場合，または反対に辞めた場合，鈴木さんたちはどうなりますか。（K） ○アルバイトを続けるべきだとすると，鈴木さんと同じ立場の人々はどうなりますか。（Y・K） ○鈴木さんのような学生アルバイトには，塾で教える子どもたちに対してどんな責任がありますか。（N） ○希望する形で鈴木さんが働くことが難しいのはなぜですか。	・役割取得を促す発問（Y），結果を類推する発問（K），認知的不均衡を促す発問（N）でディスカッションを方向づけ，生徒の思考を深める。 ・左記の発問は必ずしもすべて使用する必要はなく，ディスカッションの流れに応じて適宜用いる。

	○鈴木さんがこのように苦悩しないで働けるために，私たちは社会全体でどんなことを大事にすべきですか。	
終末 7分	5. 道徳的葛藤の場面で主人公はどうすべきかを再度判断し，自分の最も納得する理由づけを行う。 ◎鈴木さんは塾のアルバイトを続けるべきですか，それとも辞めるべきですか。それはなぜですか。	・2回目の「判断・理由づけカード」への記入を行う。 ・板書を眺め，納得できる意見を取り入れるよう指示する。

❸ 授業を行う上での留意点

　「特別の教科」としての道徳教育の教科化が，法や権力への追従を求め，「国家と国民や国民間の亀裂・分裂を無理やり取り繕うだけ」（松下，2015）の教育に陥る危険性が指摘されている。そうならないための一方策が，現代的な課題について批判的に「考え，議論する」ことである。本教材で取り上げたブラックバイトは，学習指導要領が現代的な課題として例示する社会の持続可能な発展に直接関わる。ブラックバイトとは，この言葉を作った大内裕和によれば，「学生であることを尊重しないアルバイト」（大内・今野，2015b）である。実際，深夜勤務による睡眠不足から何度も寝過ごして大学にたどりつけない学生や，試験期間のシフトに穴を空けないためにアルバイト間で「捨て教科」を設定して単位を落とす学生は珍しくないという。真面目な学生ほど，向上心や仲間・職場への責任感から辞められないと思い込みやすい。また，生活費のために辞められないという貧困問題も，ブラックバイトを助長する一因である。正社員並みの責任を押し付け長時間働かせることで，社会や国を担っていくべき若者を心身ともに「使い潰す」ことは，決して持続可能な労働や産業の在り方ではない。

　学校は，違法な労働がないかどうかや労働者の権利よりも，生徒・学生が仕事で迷惑をかけていないかを心配しがちであるという（大内・今野，2015b）。授業では，教師も多角的な視点を意識しながら，鈴木さんのアルバイトの正当性と他者への道義的責任や影響との間で認知的葛藤を実感させ，公正で責任ある働き方について認識を深めさせたい。ブラックバイトについて理解することはもちろん大切であるが，この授業では知的理解に向けた土台として，辞めたくても辞められない鈴木さんの心理を実感することにより重点を置きたい。問題解決的な学習を志向する場合は，鈴木さんの葛藤に含まれる複数の道徳的価値について十分に理解を深めた上で，鈴木さんはどの時点でどのような行動をとれたのかを最後に検討してほしい。

　なお，本教材は中学での活用を想定しているが，高校などでの労働に関する学習の導入として活用することも考えられる。その際は，シフトなど労働条件に関する契約を書面で交わすことや，強引にシフトを組まれても正当な理由があれば無給欠勤できることなど，自他を守るための具体的な方法について情報提供すべきであろう。

【引用・参考文献】
松下良平　2015　「道徳教科化と国民国家をめぐる政治学：いずれのシナリオを選ぶのか」『現代思想』43(8)，p.182.
大内裕和・今野晴貴　2015a　『ブラックバイト』堀之内出版　pp.162-164.
大内裕和・今野晴貴　2015b　「ブラックバイトから考える教育の現在」『現代思想』43(8)，pp.28-51.

ワークシート

塾講師の悩み

		年　　組　　番
名前		

(1) 書き込みカード

塾のアルバイトを続けるべき			塾のアルバイトを辞めるべき		
理　由	○×	意見や質問	理　由	○×	意見や質問
1．辞めると言ったら，増田さんが怒り出す。			1．ちゃんと授業ができず，保護者から苦情を受ける。		
2．逆境が自分の成長につながる。			2．寝不足で体調を崩してしまう。		
3．ちひろさんたちの期待や信頼を裏切れない。			3．大学に通わせてもらっている家族に申し訳ない。		
4．アルバイト仲間に迷惑をかけられない。			4．大学生なら大学で学ぶことを一番大事にすべきだ。		

(2) 判断・理由づけカード

塾のアルバイトを続けるべき	塾のアルバイトを辞めるべき
そう考えた理由は？	

③ トランジット・ビザ

　1940年７月18日の早朝，杉原千畝が領事代理を務めるリトアニア日本領事館の前にはユダヤ系の人々が続々と集まり始め，北欧特有のくもり空の朝が明けきるころには，その数は200人以上になっていました。驚いた館員が事情を聞いてみますと，事態の深刻さが明らかになってきました。それは，その少し前からヒトラー率いるナチス軍がポーランドに侵攻してユダヤ人に暴虐の限りをつくし，350万人のユダヤ系の人々は，家も財産も職も捨て，着のみ着のままで各地を逃げ惑って，そこから逃れる道はほとんど閉ざされている状態だということでした。ただ，この絶望的な状態の中での唯一の希望は，当時，かろうじて独立を保っていたリトアニアに入り，日本国のトランジット・ビザを得ることができれば，シベリア鉄道でウラジオストックへ，そこから日本の船で敦賀に，数週間の日本滞在後，ユダヤ人を受け入れてくれる国（当時ほとんどなかった）にたどり着くことだったのです。この事情を知った杉原千畝は直ちに《難民が自分たちで選んだ５人の代表と話し合う》という対応策をとります。そして，その代表との話し合いは２時間に及びましたが，要望事項は過大で，領事代表の持つ権限を大幅に超えており，風雲急を告げる情勢の中（※７月21日，バルト三国がソ連に加盟，８月３日，リトアニアがソ連に併合）とてものめる内容ではありませんでした。そこで杉原千畝は，５人の心情と要望を踏まえ，規則に則り，日本の外務省宛に次のような至急電を打ちました。

> 　人道上拒否できない。発給対象は領事が認めたものとする。トランジットの性質を失わないため，ソ連横断に20日，日本滞在30日，計50日以内とする。

　しかし，当時，日本はドイツと同盟を結んでおり，その意向に反するものは避けるべきであり，またソ連の協力，ウラジオストックから敦賀への配船，日本国内での処遇など懸念材料が山積しており，外務省の返信は，むしろ杉原千畝を叱り付けているような厳しいものでした。

> 外務省返信の口語訳：最近，貴館発行ビザの日本経由でアメリカ，カナダ行きリトアニア人で所持金少なく，又，行先国の入国手続が未済の為，日本上陸を許可出来ず困っている事例があるので，避難民と思われる者に対しては，行先国の入国手続が完了しその上，旅費及び日本での滞在費等を所持していなければ，日本通過ビザを与えないよう取り計らっていただきたい。

　杉原千畝はこの訓令を前に，静かに自分の来し方行く末に思いを馳せました。千枚田が美しい緑豊かな生まれ故郷の八百津（岐阜県東南部），18歳の時，外国語を学びたいが故に親に逆

らって入学した早稲田大学英語科予科，学資不足で困窮していた時に偶然見つけた外務省の無償留学生募集の広告，必死の勉強でロシア語科に合格し，24歳で外務省書記生として採用されたこと，そしてその後，流暢なロシア語とすぐれた交渉能力が認められ，わずか39歳で，新設のリトアニア日本領事館領事代理に抜擢され，妻や子どもを伴って赴任したことなどが，走馬燈のごとく，頭の中を駆け巡りました。そして今，自分は人生最大の岐路に立っています。

> 杉原千畝は，ビザを発給すべきでしょうか。それとも，発給すべきではないのでしょうか。

◆難民の要望を受け入れるべき。

◆外務大臣の命令・指示に従うべき。

（荊木 仁 作）

【補足教材】〜上掲の教材の続き〜

　杉原千畝は，一晩中まんじりともせずに考え抜き，遂に大きな「決断」を下しました。

　7月29日の朝，近所にあるソ連領事館を訪れ，シベリア鉄道を利用してのソ連通過の了解をとるやいなや，執務室にこもりっきりで，難民のため1日300枚を目標に，ビザを書き始めました。それは，訓令のトランジット条件を最大限に拡大解釈したもので，日本の上陸地（敦賀），滞在期間を手書きで記入するとともに，最大の関門である受入国を，入国許可証の要らないオランダ領のキュラソー島（南米大陸の北端の小島）とする方便を使ったものでした。

　8月3日には，リトアニアは独立国を放棄し，ソ連邦の一共和国となって，いよいよ領事館代表である杉原千畝の立場は苦しくなりましたが，杉原千畝の信念は，少しの揺るぎもありません。ただ，領事館閉鎖の時は迫ってきています。8月25日の閉鎖日を，一度は9月5日に延ばしてもらいましたが，遂に，ビザ発給の最終日がきました。杉原一家は，カウナス駅で国際列車に乗り込みましたが，それでもなお，杉原は書き続けました。そして，出発の合図があり列車が動き始めた時，最後の一枚を風に乗せて手渡すと，悲痛な声で叫びました。「全力を尽くしました。皆さんの幸運を祈っています。」すると，こだまのごとく，「私たちはあなたを忘れません。いつか，もう一度あなたにお会いします。」と，澄んだ声が返ってきました。

　思えば，38日間に書かれたビザの数は，公文書だけで2139枚，載せる必要のなかった家族や記録せずに書いたものも含めると，6000人以上の人の「命のビザ」となったのでした。

　その後，1947年に外務省を免官させられましたが，一言の弁解もせずに，また，6000人の命を救ったことにも沈黙を守って民間会社に勤めました。そして，時は流れて1985年，85歳の杉原にとって忘れられない年となりました。1月6日，イスラエルとの友好を深めるレセプションで大使は，杉原を最上の席である自分の横に座らせ，「カウナスで行った杉原千畝の崇高な行為に深く感謝する。」と演説したのです。1月18日には，ノーベル賞にも匹敵するイスラエルの最高勲章「諸国民の中の正義の人賞（ヤド・バシェム賞）」が，日本人として初めて授与されました。そして11月には，エルサレムの丘に杉原の顕彰碑が建てられたのです。こうして，杉原千畝の「陰徳」に光が当てられることになったのでした。それは，杉原がこの世を去る1年前のことでした。

【参考文献】

杉原幸子監修・渡辺勝正編著　1996　『決断・命のビザ』大正出版

杉原幸子　1994　『新版　六千人の命のビザ』大正出版

❶「トランジット・ビザ」の授業実践

(1) **主題名**「正義について考える」　　**教材名**「トランジット・ビザ」

(2) **主題設定の理由（ねらい）**

　この世を成立させているものの核には「正義と愛」があり，「正義」とは法と徳と知性に則り，愛という通奏低音のもとで，自他の幸福実現に誠実に向き合うことではないかと考える。

　ただ，この言葉は抽象度が高く，中学生段階では，ともすれば一面的な極論に触れる場合も見られるので，具体例を積み重ねながら，・法を守ることの大切さ・仁義五常といった徳を行うことの大切さ・平等（公平・公正）で豊かな社会のために知性を磨くことの大切さといった「愛に裏打ちされた正義」の姿を各人の心の中に形づくり，より良く生きる，より人間らしく生きる決意を持たせたいと考え，この主題を設定した。

(3) **教材について（タイプⅡ）**

　「トランジット・ビザ」は，第２次世界大戦の初期，ドイツのヒトラーの迫害を逃れてリトアニア日本領事館に救いを求めたユダヤ系難民に対応した杉原千畝の苦渋の決断を素材にした物語である。生徒には，杉原千畝の迷い抜いた２つの道の行く末を正確に理解した上で，決断の基準（価値基準）としたものが何であったのかを考えさせたい。そして，それを考える中で，人間の本質である惻隠の情，愛，人道，平等，幸福追求，法と正義等について考えさせたい。

(4) **価値分析表**

　コールバーグの道徳性の発達段階に照らして，予想される生徒の反応を表１に示した。

表１　価値分析表

難民の要望を受け入れるべきである	外務大臣の命令・指示に従うべきである
段階１　罰回避と従順志向，他律的な道徳性	
・難民から，反感を持たれたりしたくない。また，トラブルを避けようとする。	・外務省（上司）の意向に従い，命令違反にならないようにする。（回避する）
段階２　個人主義・道具的な道徳性	
・外務省の意向より，自分の利になること，自分の考えたことを押し通す。	・難民との対応は一時的な者で，外務省との関係は定年まで続くので保身を優先する。
段階３　良い子志向，対人的規範の道徳性	
・難民の苦悩に同情し，救うことに価値を感じる。外務省も後に理解を示すだろうと考える。	・自分のキャリアと将来，家族の生活を守ることを考え，安全で無難な道を選ぶ。
段階４　社会システムと良心の道徳性	
・法と徳と知性（良心）という価値判断で考えると法（ルール）で許される最大の拡大解釈と徳と知性（良心）のもとで要望に応えるべきと考える。	・国から派遣されている外交官という立場を堅持し家族の生活を守りつつ，かつ，人道と惻隠の情を重視し，正義と愛の実現を図る道はないかと考える。

❷ 展開（２時間扱いの授業展開）

●第１次の授業

配時	学習活動と主な発問	指導上の留意点
導入 5分	１．教材「トランジット・ビザ」を範読する。	
展開 40分	２．葛藤情況を理解する。 ○領事館前に集まったユダヤ系の難民はどんな気持ちだったのだろう。 ○杉原千畝はどんな気持ちで５人の代表と会談したのだろうか。 ○５人の要望を叶えるためにはどのような困難点があるか，考えよう。 ○杉原千畝の至急電に対し，上司である外務大臣の返信（命令指示）はどんな内容だったのか。	・その後，地理，登場人物，世界情勢などを解説しつつ範読する。 ・小国の領事代理と本国の外務大臣との関係を，大銀行を例にして考えてみる。
終末 5分	３．最初の判断を下し，その理由づけを記述する。 ○杉原千畝は，難民の要望を受け入れるべきか。あるいは，外務大臣の命令・指示に従うべきか。その理由も考えて「判断・理由づけカード」に記述しよう。	・１回目の「判断・理由づけカード」への記入を行う。

●第２次の授業

配時	学習活動と主な発問	指導上の留意点
導入 前半 5分	１．前時の学習活動を振り返り，葛藤情況把握の再確認をし，道徳的葛藤の明確化を行う。 ○杉原千畝は何に悩み，なぜ迷っているか。	・教材に再度目を通す。 ・葛藤情況を再確認する。 ・前時のカードを返却し，自分の判断・理由づけを確認した上で，「書き込みカード」に意見を書き込ませ，モラルディスカッションへの準備を行う。
導入 後半 5分	２．モラルディスカッションへの準備を行う。 ○「書き込みカード」に，賛成・反対（○×）意見や質問を書き込もう。また，自分とは違う判断をした人の理由にも思いを重ねてみよう。	
展開 前半 15分	難民の要望を受け入れるグループと外務大臣の命令・指示に従うグループに分かれる。編成が偏った場合は，教師が少ないほうに入るか，無作為で２つに分ける。 ３．異なる立場からの理由づけを考えることで，自分の考えをより確かなものとし，また，自分とは	・役割取得を促す発問（Y），結果を類推する発問（K），認知的不均衡への発問（N）でディスカッションを方向づけ，生徒の志向を深める。 ・討論の流れに応じて（Y）（K）（N）を適宜用いる。

	違う他者の考えに気づき，理解を深める。（Y） 4．論点を明らかにし，相互に意見を述べ合いながら，表の空白を埋めていく中で杉原千畝の苦悩の深さに思いを寄せる。	
展開 後半 15分	5．最終的に決断を下した場合，それぞれの決断の行く末，結果を推測する。（K） 6．ここで決断するための判断基準をできるだけあげる。（N） 7．自分の生き方を考える上で，最も大事なこと，最終的な判断基準は何なのかを考える。（N）	・整理しながら板書する。 ・命，法，徳，良心，正義，愛，仁，智，共感，慈愛…… ・法と徳と知性（良心）・正義と愛（惻隠の情）も考える。
終末 前半 5分	8．改めて，杉原千畝の立場で，どう判断すべきかを考える。（H） ○自分の最終判断と，最も納得する理由を「判断・理由づけカード」に書こう。	・2回目の「判断・理由づけカード」への記入を行う。
終末 後半 5分	9．【補足教材】を黙読し，「陰徳」について考える。または，余韻を残して終わる。	・結論を押しつけず，深い納得と感動と秘かなる決意で終わりたい。

❸ 授業を行う上での留意点

　本教材は，ユダヤ系難民への惻隠の「情」と領事代理という組織の中の公人としての「理」との間で揺れる主人公杉原千畝の苦悩を描いたものである。

　主人公の置かれた立場，情況を，いくつかの視点から冷静，かつ，正確に把握，理解し，主人公の取るべき道を話し合わせることを通して，「法と徳と知性（良心）」や「正義と愛」，そして，「人間として美しく生きることの大切さ」などを深く考えさせたい。

　教材は，文章の前半部分で，第2次世界大戦の始まった頃，ナチスヒトラーの暴虐行為の迫る中，リトアニア領事館に逃れてきたユダヤ系難民数千人に，トランジット・ビザを与えるかどうかということで，人道と外交官，私情と公人としての義務との間で苦悩し，迷い，決断する中で，生徒各人が，深い「共感的理解」のもとで，自分にとっての「美しい生き方」はいかにあるべきかを考えさせたい。

　特に，中学生段階では，軽々に一面的に速断し，それが極論であってもその判断にこだわって修正や撤回をしないという傾向が見られるので，自分と違う他の意見にも耳を傾けバランスのとれた深い決断ができるよう配慮したい。

　なお，【補足教材】については教師の判断で扱い方の軽重を変えるとよい。

トランジット・ビザ

名前

年　組　番

(1)　1回目の判断・理由づけカード

難民の要望を受け入れるべき	外務大臣の命令・指示に従うべき
そう考えた理由は？	

(2)　書き込みカード

難民の要望を受け入れるべき			外務大臣の命令・指示に従うべき		
理　由	○×	意見や質問	理　由	○×	意見や質問
1. 難民から感謝され，信頼される。			1. 外務省から好印象を持たれる。		
2. 公人としての義務よりも惻隠の情を大切にすべき。			2. 外交官の本務を優先し，私情を挟まない。		
3. 人道上，拒否すれば人の道に背く。			3. 国の指示を守り，日本国としての統一性を保つ。		
4. 類推・予測される結果，行く末。			4. 類推・予測される結果，行く末。		

(3)　2回目の判断・理由づけカード　杉原千畝はどうするべきかの最終決断

難民の要望を受け入れるべき	外務大臣の命令・指示に従うべき
そう考えた理由は？	

◎事後の感想用紙

今回の学習の中で，自分の今後の人生に生かしたいと思ったことがあれば書いて下さい。

④ もうひとつの苦しみ

　航空機によって瞬く間に世界各国に広まり，次々と人に襲いかかっていく未知のウイルス。スミスは，エイズ患者の治療にあたったり，貧しい国に出かけていっては子どもたちへの医療支援を続けたりしていた。それがきっかけで「国境なき医師団」にも参加し始め，イギリス支部長も務めていた。遠い国々にも足を伸ばし，感染症に苦しむ貧しい人々の医療支援を続けていたスミスは，WHO で働く医師たちとも知り合いになった。アフリカ中央部の WHO 事務所から誘いを受け，一生をかけて取り組むべき仕事だと感じたのである。

　だが，43歳という年齢で言葉が通じない外国に住み，新しい人生を始めるのは簡単なことではない。スミスには妻と３人の子どもがいた。長男は13歳，次男は５歳，長女は生まれたばかりだった。年老いた母も一人暮らしをしている。しかし，スミスは子どもたちに新しい体験をしてほしいとも思っていた。国境を越えて人々と出会うこと，そして出会った人々とともに暮らしていくことは，人生の幸せの１つなのだということを知ってほしかった。スミスは家族にアフリカ行きの決意を打ち明けた。スミスは幸運だった。妻も子どもたちも，そして母親も賛成してくれた。こうして，スミスが WHO の感染症対策の専門家として家族とともにイギリスからアフリカ中央部に移り住んだのである。

　私はその時，中国に滞在中だった。スミスに連絡すると，中国系のアメリカ人が原因不明の新型ウイルスでアフリカ中央部の病院に入院しており，インフルエンザの検査を行いたいので検体の送り先を教えてくれということだった。その時は，複数の連絡先を告げて終わった。しかし，その数日後からこの中国系アメリカ人から病院スタッフに感染が広がり，次から次へと看護師や医師らが原因不明の発熱，さらには新型ウイルスに感染していくことになる。

　この間，スミスとは電話やメールで一日に何回も連絡をとっていたが，その内容は刻々と悪化していった。毎日増えていく患者数，急激に重症化し呼吸困難に陥っていく患者の容態，パニックの状態になる病院スタッフ。しかしスミスは，そんな中でも非常に冷静だった。患者や病院スタッフに向き合い，患者の状況を詳細に記録し，その情報を我々に送ってくれた。その一方で，マスクの着用，手洗いなど，院内感染対策を確立し，その実行を徹底させていった。

　このころ，すでに世界の他の場所でも同様に患者から医療従事者が感染していくという事態が発生していたが，その内容が WHO に報告されることはなかった。したがって，スミスのもたらした情報は，WHO が出すことになる異例の「グローバルアラート（国際警報）」やその後の迅速な対応へとつながっていく。

　私はアフリカ中央部に到着したその翌日，２度にわたり病院にスミスとともに行った。その

時点でもうすでに，約半数もの医療スタッフが発症して，残りの半数で発症した人たちの医療・看護にあたっていた。しかも患者の何人かは重篤な症状に陥っており，いつ亡くなってもおかしくないという状況であった。しかし，恐怖と絶望の中にあっても，スミスがその数日前に報告してきたようなパニックはなく，スタッフは自信と使命感を取り戻していた。スミスは病棟内で患者に声をかけ寄り添い，スタッフに次々に指示を出していった。この落ち着きは，スミスが率先して患者に接してきたからこそ得られたものではないかと強く感じた。

　その時点で最も恐れていたのは，感染が地域に広がり，収拾がつかなくなることであった。病院という閉ざされた空間の中に感染を封じ込めることが，公衆衛生の観点からは最重要であった。スミスは病院スタッフとともに，この課題にも積極的に取り組んだ。すなわち，発症者の接触者リストを作り，その中で発病者が出れば直ちに入院させるように説得してまわったのである。これはその後，新感染症を封じ込める最も有効な対策として確立することになる。アフリカ中央部では感染者が最小限に抑えられ，新型ウイルスの制圧宣言をする最初の国となったが，スミスの適切な対応が初期になされていなければ，感染が拡大していたに違いない。

　だが，スミスはある決断を迫られていた。スミスがWHOの事務所に着いたのは午後5時過ぎである。スミスは部屋を訪れ，私の近くまでくると，こう尋ねた。

　「もし，君がこのウイルスに感染したとしたら，どうするだろうか？」

　それは，医師であり専門家である自分が現場を離れ，治療のために自ら航空機に乗って海外に行くことは許されるかを，暗に問いかけたものだった。私は，スミスの顔を見据えたまま，答えがわからない。スミスが感染していた場合，アフリカ中央部では十分な治療を受けられない。病院では約半数以上のスタッフが倒れ，人工呼吸器も不足しているのである。これ以上，外部の人間を受け入れる余裕はない。感染対策の陣頭指揮に立ったスミスには，そのことがよくわかっている。スミスは，危険を省みず感染対策にすべてを投げ打ち，そして自らの行き場を失ったのである。私は，スミスを目の前にして，いまだに苦悩し沈黙を続けていた。

> 私は，スミスに飛行機に乗るべきだと勧めるべきだろうか。それとも，アフリカ中央部に留まるよう伝えるべきだろうか。それはなぜか。

◆飛行機に乗るよう勧めるべき。
◆アフリカ中央部に留まるよう伝えるべき。

（和田　雅博　作）

❶ 「もうひとつの苦しみ」の授業実践

(1) **主題名**「勤労の意義や尊さ」　　**教材名**「もうひとつの苦しみ」

(2) **主題設定の理由（ねらい）**

　勤労とは，自己の身体的精神的能力を使って社会的に自己実現することである。そのための着眼点として自分でなければならないという何かのために，自分の能力を十分に発揮できるという静かな確信と充実感を持つことである。かつ，自分のためだけでなく，人のため世のために有意義であるという自覚を持つこと。そして，困難に出会った時，相談し協力してくれる人を持つとともに，できる限り自分の力で乗り越えようと思うことが必要である。

(3) **教材について（タイプⅠ）**

　「飛行機に乗るよう勧めるべきか」「このままアフリカ中央部に留まるよう伝えるべきか」。そのどちらか。また，それはなぜか。スミスは未知の感染症に対し，その村で唯一の医師であり感染病の専門家として最前線で戦っていた。そんな中，スミスは自分に微熱があることに気づく。ある日，私はスミスに「医師であり専門家である自分が現場を離れ，治療を受けるために自ら航空機に乗って海外に行くことは許されるか」を暗に問いかけられる。その時，「私」は何と答えるべきかを考える。

(4) **学級の実態**　　（略）

(5) **価値分析表**

　コールバーグの道徳性の発達段階に照らして，予想される生徒の反応を表1に示した。

表1　価値分析表

飛行機に乗るよう勧めるべき	アフリカ中央部に留まるよう伝えるべき
段階1　罰回避と従順志向，他律的な道徳性	
・スミスの家族から喜ばれ，嬉しい。	・世間から非難を受けたスミスから批判される。
段階2　個人主義・道具的な道徳性	
・家族の姿を思い浮かべると，後から自分が非難されかねない。	・上手くいけば，家族や世間から，留まるよう助言した自分もほめられるに違いない。
段階3　良い子志向，対人的規範の道徳性	
・スミスは自分が入院し病院の限られた資源を奪うことは許せないに違いない。 ・家族に苦痛や悲しみを与えないようにする。 ・病院に残っても，医師として感染者のために医療活動をすることができない。	・WHOの職員として，周囲の人を感染の危険にさらすことは許されることではない。 ・スミス自身にも残りたい気持ちがあり，背中を押してほしいに違いなく，喜んでもらえる。
段階4　社会システムと良心の道徳性	
・公衆衛生の専門家として，完治して再び医師として世界に貢献できるかもしれない。 ・一時，最前線の現場を離れても，中長期的な視座からは，今，自分が死なないことこそ，多くの人を救うことにつながる。	・感染の拡大を考えると，公衆衛生の専門家としてアフリカ中央部にとどまることが正しい判断であるのは明白。 ・唯一の専門医・専門家が現場にいることが患者の希望となり，またスタッフの医療活動の水準維持につながる。

❷ 展開（２時間扱いの授業展開）

●第１次の授業

配時	学習活動と主な発問	指導上の留意点
導入 10分	1．教材を範読する。 ○どんな仕事に就きたいか。それはなぜか。	・勤労の意義や意味について，簡単に触れる程度の発言があればよい。
展開 35分	2．葛藤状況を理解する。 ○病院のスタッフが倒れ，スミスはどんな気持ちか。 ○自分の微熱に気づいた時，どのような気持ちか。	・この新型ウイルスがこの時点では未知の病であったこと確認する。 ・スミスの医師・専門家としての誇りに気づかせる。
終末 5分	3．道徳的葛藤の場面で判断・理由づけを行う。 ◎私はスミスに「飛行機に乗るよう勧めるべき」か，「アフリカ中央部に留まるよう伝えるべき」か。	・1回目の「判断・理由カード」への記入を行う。

●第２次の授業

配時	学習活動と主な発問	指導上の留意点
導入 前半 5分	1．前時の学習を振り返り，葛藤状況を再確認する。	・教材をもう一度読ませる。
導入 後半 7分	2．クラスでの理由づけを分類整理した「書き込みカード」に意見を書き込み，他者の意見と出会う。 ○賛成・反対（○×）意見・質問をカードに書こう。	・事前のワークシートを返却し，前の自分の判断・理由づけを確認させる。
展開 前半 13分	3．いろいろな理由づけに対して相互に意見を述べ合い，論点を明らかにしていく。 ○それぞれの意見をグループで交流しよう。 ○なぜ私は何も言えなかったのだろう。	・「書き込みカード」に自分の意見を書き込むことで自分の思考を深め，討論の準備を行う。
展開 後半 20分	4．論点を絞り，さらに意見を出し合う中で，自分の考えを確かなものにしていく。 ○もし，スミスが飛行機に乗った場合，どのような事態が生じると考えられるか。（K） ○もし，スミスがアフリカ中央部に留まった場合，どのような事態が生じると考えられるか。（K） ○医師として，専門家として活動できずにアフリカ中央部に留まるスミスはどんな思いか。（Y） ○自分のかけがえのない仕事を継続するために最も大切なことは何か。（N）	・役割取得を促す発問（Y），結果を類推する発問（K），認知的不均衡を促す発問（N）でディスカッションを方向づけ，生徒の思考を深める。 ・左記の発問をすべて用いる必要はなく，ディスカッションの流れに応じて適宜用いればよい。
終末 5分	5．道徳的葛藤の場面で，判断・理由づけを行う。 ◎スミスは，どうすべきだろう。（H）	・2回目の「判断・理由づけカード」への記入を行う。

板書計画

「もうひとつの苦しみ」

飛行機に乗るよう勧めるべき

・医師として，このまま病院にいて
　も感染者のために医療活動をする
　ことができない。
・スミスの家族から喜ばれ，嬉しい。
・スミスは自分が入院し病院の限ら
　れた資源を奪うことは許せないに
　違いない。

アフリカ中央部に留まるよう伝えるべき

・WHOの職員として，周囲の人を感
　染の危険にさらすことは許される
　ことではない。
・家族から非難され，傷つく。
・スミス自身もアフリカ中央部に残
　りたいと思っており，背中を押し
　てほしいに違いなく，喜んでもら
　える。

❸　授業を行う上での留意点

　本教材は，病の治療か医師としての誇りかで悩むスミスに助言を求められる「私」について
描いたものである。この時の「私」は沈黙し，即座に返答できなかったことからその問いの重
みは読み手である私たちにも十分に伝わる。よって，授業においてその返答に至るまでには，
読み手の経験や体験さらには生き方や在り方に迫ることができると考え設定した。

　教材前半ではスミスの医師になるまでの過程と家族との触れ合いが書かれており，そこには
スミスの積極性や自発性が読み取れる。そこには，自分の持っている力を人のために世のため
に役立てたいという強い意志があり，加えて家族との接し方から優しく丁寧な人柄も感じるこ
とができる。教材後半では，医師として，感染症の専門家として困難に向かってスタッフと協
力しながら乗り越えようとするところに仕事のやりがい，さらには生きがいまで読み取ること
ができる。

　第1次では，生徒の自己の経験や体験に鑑みて，第1回目の判断・理由づけに向かって，葛
藤状況に対する思考を深めたい。第2次では交流することで思考を広げ，最後のワークシート
の理由を書きながら思考を高めさせ自己展望としたい。

【参考文献】
村上敏治　1993　『小学校道徳　内容の研究と展開』明治図書
ＮＨＫ報道局「カルロ・ウルバニ」取材班　2004　ＮＨＫスペシャルセレクション「世界を救った医師　SARSと闘
　　い死んだカルロ・ウルバニの27日」

ワークシート

もうひとつの苦しみ

名前

年　組　番

(1) 書き込みカード

飛行機に乗るよう勧めるべき			アフリカ中央部に留まるよう伝えるべき		
理　由	○×	意見や質問	理　由	○×	意見や質問
1．スミスの家族から喜ばれ，嬉しい。			1．世間から非難を受けたスミスから批判される。		
2．家族の姿を思い浮かべると，後から自分が非難されかねない。			2．上手くいけば，家族や世間から，留まるよう助言した自分もほめられるに違いない。		
3．病院に残っても，医師として感染者のために医療活動をすることができない。			3．WHOの職員として周囲の人を感染の危険にさらすことは許されることではない。		
4．公衆衛生の専門家として，完治して再び医師として世界に貢献できるかもしれない。			4．唯一の専門医が現場にいることで患者の希望となり，またスタッフの医療活動の水準維持につながる。		

(2) 判断・理由づけカード

飛行機に乗るよう勧めるべき	アフリカ中央部に留まるよう伝えるべき
そう考えた理由は？	
....	

⑤ オザル首相の決断

対象
中学校3年生～高校生
内容項目
C—(17) 国を愛する態度
C—(18) 国際理解，国際貢献

　昭和55（1980）年に勃発したイラン・イラク戦争は，昭和60（1985）年3月17日には，イラクのフセイン大統領が，イラン上空を飛ぶ航空機を48時間後の19日午後8時30分以降は無差別攻撃すると宣言する事態にまでなった。各国は期限までに自国民を軍用機や旅行機で救出しようとした。日本は海外派遣不可の原則で自衛隊の救援ができず，日本航空はイランとイラクによる航行安全保障がない限り臨時便を出せないと言っていた。さらに，外国の航空機で脱出しようと試みても，「自国民優先主義」がとられ，外国人である日本人の搭乗を新たに受け入れてくれる航空会社はなかった。トルコなどの隣国への陸路脱出も検討したが，最短で800キロ，砂漠や雪深い山を強行突破する必要もあり危険性が高かった。カスピ海経由でのソ連への脱出案も霧が発生する季節で危険だった。駐イラン大使の野村等は，各国大使館に日本人の可能な限りの飛行機への同乗を依頼したが，「日本はなぜ救援機を出さないのか」と不思議がられた。

　困った野村大使は兄弟のように親交のあったトルコ大使ビルセルに相談した。

　「19日はトルコも最終救援機を飛ばすと聞いている。日本人のためにもう1機，追加して飛ばせないだろうか。女性や子どももいるのです。なんとかこれらの日本人たちを救いたい。」

　ビルセル大使はトルコ国民のイランからの脱出に悩んでいたが，野村大使の話を聞き，すぐに「日本人を救うため，大至急トルコから救援特別機を飛ばせないか」と本国に電報を打った。

　すぐにビルセル大使が電報を打ったのには，次のようなトルコ親日の歴史も関わっていよう。遡ること95年，明治23（1890）年9月，明治天皇との謁見を終え帰国途中のオスマントルコ帝国使節団を乗せたエルトゥールル号が和歌山県串本町大島沖で台風のため沈没。600名以上が嵐の海に投げ出された。大島の人々は命がけの救助活動で69名を救い，ありったけの食料をふるまうなど一生懸命救護をした。救助された69名は日本の軍艦に乗船し，トルコへの帰還を果たした。その後，トルコの学校でエルトゥールル号事件が教えられ，日本から受けた真心をトルコの人々は胸に刻んでいた。さらに，明治38（1905）年，同じ有色人種の日本がトルコの長年の宿敵ロシアを日露戦争で破った。トルコの人々は我が事のように喜び，子どもや屋号に「ノギ」や「トーゴー」と命名することが流行った。若き士官時代に吉田寅次郎の教えを受け，トルコ解体の危機を救ったケマル・アタチェルクを初代大統領に，大正12（1923）年，トルコ共和国が建国された。アタチェルクは「トルコの父」という意味であり，当時も今も国民に尊敬されている。国民から尊敬されていたアタチェルクが明治天皇を尊敬し，その写真を部屋に掲げ，よく明治維新や日本の話をしていた。

　さて，同じ頃，伊藤忠商事イスタンブール支店の森永氏に，本社から「トルコ航空を救援に

派遣するようお願いできないか」と電話があった。森永氏は親友のオザル首相に相談しようと思った。だが，いくら親友でも一国の首相，日本人救出でトルコ人を危険にさらしたら首相として責任を問われかねない。トルコ人もイラン脱出を希望しており，一機だけで全員乗せきれるかわからない。そもそも「なぜ日本は救援機を出さないのか」と言われたらどう答えるか。

　森永氏は意を決し，オザル首相に電話した。

　「トゥルグット・ベイ※！　助けて下さい。」

　「どうした？　ドストゥム※・モリナーガさん。」

　「トゥルグット・ベイ！　トルコ航空に指示を出して，テヘランにいる日本人を救出して下さい。」

　「テヘランにいる日本人がどうしたというのだ？　モリナーガさん。」

　森山氏は順順とテヘランでの日本人の窮状を説明した。

　「トルコ航空を在留邦人救出のために派遣してください！　トゥルグット・ベイ！　これは，イランにいる日本人が困っている話で，イランと日本との問題です。トルコには何の関係もない話です。イランの航空機か日本の航空機が救援すべきなのです。しかし，イランの航空機は戦争中で便数に余裕がありません。イラン航空機ではイラクに撃墜される危険性もあります。日本の航空機は救援機を出そうにも遠すぎて間に合いません。頼れる国はトルコしかないのです。

　イランに大勢のトルコビジネスマンがいるのを知っています。トゥルグット・ベイ，あなたはトルコ首相なので，まずトルコ人を優先して救出したいと考えておられるのは当然です。しかし，日本人をトルコ人と同等に扱ってほしいのです。トルコ人を救出する飛行機の他に，日本人を救出する飛行機を出していただきたいのです。しかも即断即決を要します。事情が事情ですから，私がこんなことをお願いできるのは，トゥルグット・ベイ，あなたの他はいません。

　トゥルグット・ベイ，助けて下さい！　トルコ航空を在留邦人救出のために派遣してください！」

　オザル首相は森永氏の話を黙って聞いていた。いつもはすぐ返事をするのに，話が終わっても黙っていた。森永氏は固唾を飲んでオザル首相の言葉を待った。

※トゥルグットはオザル首相の名前。ベイはトルコ語の男性への尊称。ドストゥムは親友。

> オザル首相は，日本人救出のためトルコ航空機を派遣すべきか，すべきでないか。

◆トルコ航空機を派遣すべき。
◆トルコ航空機を派遣すべきでない。

（伊藤　裕康　作）

❶ 「オザル首相の決断」の授業実践

(1) **主題名**「国際理解・国際貢献について考える」　　**教材名**「オザル首相の決断」

(2) **主題設定の理由（ねらい）**

　国際化が進展し，国際的視野に立ち，世界の中の日本人として，ものの見方や考え方，生活習慣等が違っても，同じ人間として尊重し合い，差別や偏見を持たずに公正，公平に接することが求められる。中学生は，皮相な「国家間の助け合いの大切さ」は比較的容易に理解できよう。だが，社会での道徳的な価値葛藤に関わる問題は複雑である。そこで，「国際理解・国際貢献」と「国を愛する態度」との葛藤を中心に，「生命の尊さ」「思いやり・感謝」「公正，公平，社会正義」等で起こる価値葛藤の解決を包括的に考えさせようと考え，本主題を設定した。

(3) **教材について（タイプⅡ）**

　イラクのフセイン大統領が，イラン上空を飛ぶ航空機の無差別攻撃を宣言した。各国は無差別攻撃までに自国民を軍用機や旅行機で救出しようとした。自衛隊の救援も日本航空の臨時便出航もできず，日本人は外国航空機での脱出しかなかったが，自国民を優先して搭乗は叶わなかった。在イラントルコ大使の日本人救出の航空機派遣依頼に加え，親友のモリナガからも航空機派遣を依頼されたトルコ共和国首相オザルは，トルコ航空機を派遣すべきか困ってしまった。

(4) **学級の実態**　（略）

(5) **価値分析表**

　コールバーグの道徳性の発達段階に照らして，予想される児童の反応を表1に示した。

表1　価値分析表

トルコ航空機を派遣すべき	トルコ航空機を派遣すべきでない
段階1　罰回避と従順志向，他律的な道徳性	
・派遣しないと親友のモリナガさんに恨まれる。	・派遣すれば，パイロットやイラン在住トルコ人を危険にさらす可能性があり，国民から嫌われる。
段階2　個人主義・道具的な道徳性	
・派遣すれば，日本人から喜ばれる。 ・派遣すれば，親友のモリナガさんは喜んでくれる。	・派遣しなければ，トルコ国民を守ったと賞賛される。 ・派遣がトルコ人救助の支障になれば，政治生命に関わる。
段階3　良い子志向，対人的規範の道徳性	
・イラン在留日本人に同情し，派遣要請に応える。 ・派遣すれば日本とトルコとの関係がさらに良くなり，トルコの発展にも役立つだろう。国民も親日的なので理解してくれるはずだ。	・首相として，トルコ国民を守ることを第一に考えなければならない。
段階4　社会システムと良心の道徳性	
・派遣しなければ他に日本人を救う手立てはなく，日本人の生命が脅かされる。生命は何よりも尊重されるべきものである。	・国家が国民を守らなければ，国家は維持できない。日本人には申しわけないが，航空機派遣はできない。

❷ 展開（２時間扱い及び1.5時間扱いの授業展開）

●第１次の授業（1.5時間扱いの場合，朝自習や宿題で各自教材を読み，１回目の判断・理由づけを行う。）

配時	学習活動と主な発問	指導上の留意点
展開 45分	主人公のおかれた状況を読み取り，道徳的ジレンマに直面する。	・教材黙読の後，教師が判読する。その際，現在と違い自衛隊の海外派遣が法律上できなかったことを補足する。 ・日本とイランとの位置，トルコとイランが隣国であることを地図で確認。
	葛藤状況を理解する。 ○野村大使から在留日本人救出の相談を受け，ビルセル大使は，なぜすぐに電報を打ったのか？ ○ビルセル大使の電報を読んだ時のオザル首相の気持ちはどのようなものだったろうか。 ○モリナガさんからトルコ航空機の派遣を依頼された時，オザル首相はどのような気持ちだったであろうか。 ○首相は，まず何を考えて仕事をするべきだろう。	・在イラントルコ人救助に頭を悩ませていたビルセル大使がすぐに電報を打ったのには，それだけ緊急を要することであることとともに，トルコの親日の歴史が背景にあることに気づかせる。 ・トルコ航空機の派遣しか日本人の窮状を救う道がないことを確認する。 ・首相の役割として，まずは国民の生命を守ることがあることを確認する。
終末 5分	最初の判断を下し，その理由づけを記述する。 ◎オザル首相は，日本人救出のためトルコ航空機を派遣すべきか，すべきでないか。	・１回目の「判断・理由づけカード」への記入を行う。

●第２次の授業の準備

○１回目の判断・理由づけカードの内容を整理し，第２次で用いる書き込みカードを作成する。
○書き込みカードの「理由」部分を拡大したものを黒板掲示用に作成する。
○１回目の判断・理由づけから，論点になりそうな部分を予想し，発問を準備する。

●第２次の授業

配時	学習活動と主な発問	指導上の留意点
導入 前半 4分	状況把握の再確認と道徳的葛藤の明確化を行う。 ○オザル首相は，何を迷っているのですか。 ○なぜ迷っているのですか。	・再度教材を読み，葛藤状況を確認する。 ・前時のワークシートを返却し，前時の自分の判断・理由づけを確認させる。
導入 後半 10分	クラスでの理由づけを分類した書き込みカードに自分の意見を書き込むことで，自分とは違う他者の考えに気づく。 ○賛成・反対（○×）意見をカードに書こう。	・書き込みカードに意見を書き込み，モラルディスカッションの準備を行う。 ・発言が苦手な生徒の意見表明の場とする。
展開 前半 15分	様々な理由づけに意見を述べ，論点を明確にする。 ○賛成・反対意見を自由に言おう。 ○野村大使から在留日本人救出について相談されたビルセル大使は，なぜ，すぐに電報を打ったのか？ ○モリナガさんからトルコ航空機の派遣を依頼された時，オザル首相はどのような気持ちだったであろうか。 ○首相は，まず何を考えて仕事をするべきだろう。	・書き込みカードの理由の部分を拡大して黒板に掲示する。 ・意見が分散しないよう，同じような意見を発表させる等，進め方を工夫する。 ・教師は対立点がわかるように生徒の意見を板書する。

展開 後半 16分	論点を絞り，さらに意見を出し合う中で，自分の考えを確かなものにしていく。 ○もしトルコ航空機の派遣をしなかったら，モリナガさんはどんな気持ちになるだろう。（Y） ○日本人救出のためにトルコ航空機を派遣したら，トルコ国民はどう思うか。（Y） ○トルコ航空機を派遣しなければ，在イラン日本人の命はどうなるか。（K） ○日本の最後の頼みの綱であるトルコ航空機派遣依頼を断れば，トルコと日本の関係はどうなるか。（K） ○トルコ航空機を派遣して，もし在イラントルコ人の救出に支障が出たらどうなるのか。（K） ○国益を考えるのも首相の仕事である。本当に国益に叶うことはどちらか。（N）	・役割取得を促す発問（Y），結果を類推する発問（K），認知的不均衡を促す発問（N）でディスカッションを方向づけ，生徒の思考を深める。 ・左記の発問をディスカッションの流れに応じて適宜用いる。 ・他にも次のような発問が考えられる。 「もしトルコ航空機の派遣をしなかったら，ビルセル大使はどんな気持ちになるだろう。」（Y） 「首相とはいえ，トルコ航空機の派遣命令を出し，パイロットや乗組員を危険にさらしていいのか。」（N）
終末 5分	道徳的葛藤の場面で主人公はどうすべきかを再度判断し，自分の最も納得する理由づけを行う。 ◎オザル首相は，在留日本人救出のためトルコ航空機を派遣すべきか，すべきでないか。（H）	・2回目の「判断・理由づけカード」への記入を行う。 ・板書を眺め，納得できる意見を取り入れるよう指示する。

❸ 授業を行う上での留意点

　本教材で，「国際理解・国際貢献」と「国を愛する態度」との葛藤を中心に，「生命の尊さ」「思いやり・感謝」「公正，公平，社会正義」等で起こる価値葛藤の解決を包括的に考えさせたい。まず書き込みカードに意見や質問を記入させ，自己の考えを明確化させる。掲載したカードは予想される理由を載せたが，本来1回目の判断・理由づけの記述内容から作成すべきである。適宜修正し活用願いたい。モラルディスカッションでは，まず「国際理解・国際貢献」と「国を愛する態度」の観点から，「トルコ航空機を派遣すべき」「トルコ航空機を派遣すべきでない」の立場で，自由に意見交換を行う。後半は，次のような発問で論点を絞って討論を行う。
○もしトルコ航空機の派遣をしなかったら，モリナガさんはどんな気持ちになるだろう。（Y）
○もしトルコ航空機を派遣して，在イラントルコ人の救出に支障が出たらどうなるのか。（K）
○国益を考えるのも首相の仕事である。本当に国益に叶うことはどちらか。（N）

　その後，最終的な判断・理由づけを行う。なおこの授業は立場を明確にして討論するが，反する立場の意見でも納得できるものは受け入れる共感的な態度で望むことが重要である。

【文献】
木暮正夫　2003　『救出　日本・トルコ友情のドラマ』アリス館
山田邦紀・坂元俊夫　2007　『東の太陽，西の新月』現代書館
森永堯　2010　『トルコ世界一の親日国—危機一髪！イラン在留日本人を救出したトルコ航空』明成社
豊田美加　2015　『海難1890』小学館文庫

ワークシート

オザル首相の決断

名前

年　　組　　番

(1) 書き込みカード

トルコ航空機を派遣すべき			トルコ航空機を派遣すべきでない		
理　由	○×	意見や質問	理　由	○×	意見や質問
1．派遣しないと親友のモリナガさんに恨まれる。			1．派遣すれば，イラン在住トルコ人を危険にさらしかねず，国民から嫌われる。		
2．派遣すれば日本とトルコとの関係がさらに良くなり，トルコの発展に役立つ。			2．国民を守ることが首相の努めである。航空機派遣はできない。		
3．派遣すれば，日本人から喜ばれる。			3．派遣がトルコ人救助の支障になれば，自分の政治生命が危うくなる。		
4．航空機派遣以外に，日本人を救う手立てはない。生命は何よりも尊重されるべき。			4．国家が国民を守らなければ，国家はやっていけない。航空機派遣はできない。		
（上記以外の理由が生徒から出ている場合，ここに記述する。）			（上記以外の理由が生徒から出ている場合，ここに記述する。）		

(2) 判断・理由づけカード

トルコ航空機を派遣すべき	トルコ航空機を派遣すべきでない
そう考えた理由は？	

⑥ 落語「一文笛」

対　象
中学校１年生〜成人
内容項目
D−(19) 生命の尊さ
C−(10) 遵法精神

＊スリをやめて真面目になった兄貴分が, ヒデにスリをやめるように忠告した。ヒデは, 他に仕事もできないからスリをしているが, 弱い人を困らせないプライドは持っていると反論する。

●これぐらいの金, この人にあってもなくても別にどっちゅうこともないよぉな人の懐か, こんなやつにこんな金, 持たさん方が世の中のためや, ちゅなやつの懐しか狙ろたことない。せやさかいわしゃ年中貧乏してんねん。これだけはな, ちょっと言わしといてもらうわ。

■ほぉ, 偉そぉなこと言いやがったなぁ。ほんならお前, 今日うちの長屋で何であんな真似したんや?

●おかしなこと言わんといてやおい, 長屋へ行たわい, 近所まで行たさかいちょっと寄ってみたんや, 留守やっちゅうさかいじきに帰って来たんや。言ぅて済まんけど, あんな貧乏長屋で, 兄貴の住んでるそれも長屋でやで, 何でわしが仕事したりすんねん。

■角の駄菓子屋で, 一文笛盗んだんはお前と違うか?

●「一文笛?」あぁ, 何を言ぅのかと思たらあれかい, あらわしじゃ。いやな, おまはん留守やったさかい, わしゃ帰りかけたんやけど, フッと見たらあの角の駄菓子屋のとこに子どもがぎょ〜さん集まってんねや。

●「何かいなぁ?」と思たら, 卸屋がゴソッとあれ一文笛っちゅうのかい, オモチャの安もんの竹の笛, 赤やら青やらに染めたぁる, あれを降ろしてたとこや。子どもが集まって来て, こいつをピィピィピィピィ吹いてるやつがある, あれ買お, これにしょ〜かと選んでるやつがあるわい。

●みな面白そぉに騒いでんのに, 一人だけちょっと離れたところでな, みすぼらしい, 洗いざらしの着物を着て, 散髪がボサボサに伸びた痩せぇた子ぉが一人, 離れて立って見とぉんねや。指くわえて見てたけど, みんながあんまり面白そぉにしてるもんやさかい, 自分も遠慮しながらそばへ寄って行て, 一本笛を抜き取ってこぉ見てたら, あの婆。

●おら, あの婆, 前から顔見ただけでムカムカするよぉな婆やで。恐い顔してその笛をシュ〜ッと引ったくって「銭のない子ぉはあっち行てんか」と, こない言いよった。

●ムカ〜ッときてな, おのれの小さい時の姿見るよぉな気がして, 通りしなにあの笛ちょっと一つ取って, あの子どもの懐へ放り込んで帰って来たんや。それがどないぞしたんか?

■やっぱりお前やったんか……, お前, あのあとどないなったと思う? 子ども, 懐へ手ぇ入れたら買ぉた覚えのない笛が出てきた「おかしいなぁ」と思たけど, そこは子どもや, 口へ持っていってピィと鳴らした。ほな, 婆がこいつ見つけて「お前に買ぉてもぉた覚えはない, さては盗ったな盗んだな, 泥棒, 盗人」ちゅうて親父のところへ引っ立てて行た。

■あの子のお父っつぁんちゅうのは, 元侍, 士族や。腰の立たんよぉな病気になって, 母親はとぉに死んでおらへん, 手内職でやっとお粥 (かい) さん食べてるちゅうなうちや。

■「貧乏はしても，盗みをするよぉな子どもには育ててない。お前うちの子やない，出て行け」ちゅうねや。

■長屋のもんが謝ってやっても聞くよぉな親父やあらへん，子どもが，泣いて「覚えはない」と言い訳しても，現に懐から笛が出て来たんやさかいしゃ～ないがな。

■締め出されて，泣いてたと思たら，泣き声が聞こえんよぉなったんで近所のもんが出て見たら……，子ども，井戸へ身い投げたで。

●えっ！！

■長屋のもんがビックリして，じきに引き上げた。息は吹き返したけれども，どっか打ちよったんかなぁ，ズ～ッと寝たきりで未だに気がつかん。わしゃ仕事から帰って来て，この話聞いて，お前が来たっちゅうこと聞いたさかい「こらひょっとしたら秀の仕業や」と思て出て来たんやが……。

■おい，お前，何ぞぇぇことでもしてたよぉに思てんのと違うか？　子どもが可哀想やと思たら，高々五厘か一銭のオモチャの笛，何で銭出して買ぉてやらん。それが盗人根性ちゅうねや。

■子どもが死んだら，お前，どないすんねや？　●す，すまん。■わしに謝ったかてしゃ～ないやないかい。●堪忍してくれ……。

　　左手が内懐へ入ったかと思うと，匕首を抜き出しまして，右手の人差し指と中指を敷居の上へ，乗したかと思うと，これをポ～シッ！

■な，何をするッ……。●おら，今日からスリやめる，盗人やめる。■おい，紐持って来い，紐。指の根元グ～ッとくくれ，血が止まるまで……。思い切ったことやりやがったな，こいつ，えぇか，しっかりくくれ。

●わしゃ盗人よりほか，何にも知らん人間や。今日から万事頼む。

■わかった。お前だけの人間や，どんなことがあっても一人前の男にしてみせる，じきに医者行け医者へ，でな，血が止まって始末してもろたら，あしたでも明後日でもえぇ，うちへ来い，何ぼでも相談に乗ったるさかいな。

＊　＊　＊　＊　＊

●兄貴，きのうはどぉも……。■こっち入れ，手はもぉ痛まんかい？

●そんなことはどぉでもえぇ，子ども，まだ生きてるか……，死んだか？　あの子に死なれたら，わしゃどないしてえぇやわからん，生きてるか？

■まだ，生きてる……　と，いぅだけのこっちゃ。ズ～ッと寝たきりで，まだ気がつかんねん。

●医者は？　■医者に診したわい，診せたけど，こんな貧乏長屋に来てくれる医者のテコに合うかいな「あぁ，えらいこっちゃなぁ」言うて，顔見合わしてるだけで。●どこぞ，えぇ医者おらんのかい？

■そこになぁ，伊丹屋っちゅう酒屋があるやろ，あすこへ北浜の高田っちゅうお医者はん，洋行帰りの博士で偉い先生（せんせ）やそぉな，これが毎日往診に来とぉねん。こいつ頼もかと思たけど，困ったことにこの医者なぁ，金が好きで貧乏人嫌いやねん。

■騙すよぉにして連れて来て，長屋で一番上等の座布団出したけど，心地悪そぉに座りやがって，けどまぁ診るだけは診てくれた「こんなり放っといたら，まぁ六分ぐらいは死ぬ」ちゅうねん「これをすぐ入院さして手に手を尽くしたら，今度は逆に八分まで請け合う」と，こない言ぅてくれたんや。

■「ほんなら先生，その入院っちゅうやつを」ちゅうたら，何やこの書いた紙出してな「規則書」とか何とかいぅのん出して「入院さしたかったら，これに書いてあるとぉりにして手続きを取りなさい。三十円という前金を用意して」こない言ぅて去（い）にやがった。

■三十円，あっさり言いやがったでホンマにおい，この長屋の銭すっくり集めても危ないでひょっとしたら。裏の竹とこなぁ，きのう八銭五厘のおかず買ぉたっちゅうて「贅沢や」っちゅうて夫婦喧嘩しとぉんねん，八銭五厘で夫婦喧嘩になる長屋で，三十円やなんて……，おらぁ今日ほど金が欲しいと思たことないなぁ。

●その医者，もぉいんだか？　■またあの酒屋へ戻ってな，蔵出しのとっときの上等の酒呑んで，いっつもほろ酔い機嫌で帰るねやないかい。あけへんあけへん，頼んだかてあかんねや。金積まなんだら話にならんという有名な医者なやいかい，口に風邪ひかすだけや……，おいッ！　これッ，どこ行くねん？　こらッ！

＊　＊　＊　＊　＊

●兄貴，何ぁ～んにも言わんとなぁ……，この金で子ども入院さしたってくれ。■何じゃ，この財布？
●四，五十円入ってるはずや。■どないしてんお前，これ？
●いや，あれからわし酒屋の前行たがな。ほな，あの医者の人力車が停まってた，俥夫居眠りしとぉんねん。
●で，その陰へ隠れてたらな，みんなに送られてあの医者，酔ぉて千鳥足や。ご機嫌でこぉ出て来たさかい，わしゃフッとこぉすれ違いしなに，ちょっとこぉ頂いて来たんやけど……。

●そんな顔しないな，約束破ったんは悪いけどなぁ，あの子に死なれたら，わしゃどないしてえぇやわからん。な，なッ……，この金かてや，ちょっといっぺんこっち通るだけで，また医者の方へ戻るんや，ズ～ッとまた向こぉへ帰んねやないかい。
●おい，人間の命に関わるこっちゃ，なッ，あの子がもぉ命大丈夫や，頭も確かやっちゅうことがわかったら，わしゃ懲役へでもどこへでも行くがな。今だけちょっと見逃してもらいたい……。

■見逃すもなんも，人の命に関わることやないか。しかし，お前は名人やなぁおい。この指二本飛ばして，よぉこれだけの仕事がでけたなぁ？
【オチ】●兄貴，実はわい，ギッチョ（左利き）やねん。

（桂 米朝 作）

❶ 「落語『一文笛』」の授業実践

⑴ **主題名**「子どもの命を救うための盗みを認めるべきかについて考える」　**教材名**「一文笛」

⑵ **主題設定の理由（ねらい）**

　命の大切さ，生命の尊重について包括的に考えることをねらいとして，本主題を設定した。この教材では，「生命の尊さ」と「規則尊重」との道徳的葛藤を中心に，「思いやり」「誠実」「良心」「医者の社会的使命」などの道徳的な価値にも言及しながら，葛藤の中で考えを深める。

⑶ **教材について（タイプⅡ）**

　（あらすじ）スリの名人であるヒデは，貧しい子どもを不憫に思い，店からおもちゃの笛を盗んで，子どもの懐に入れる。店の主人は「売った覚えがないのに，なぜ笛を持っている」と責め，盗人の嫌疑をかけられた子どもは，父親からも強く叱られて井戸に身を投げ意識不明の状態に。「善いことをしたつもりかもしれないが，自分がしたことがどんな悲しみを引き起こすか考えたことがあるか」と，堅気になった兄貴分から諭されたヒデは深く反省し，指を落とし，二度とスリはしないと誓う。しかし，大金を出さないと入院治療はできないと医者に断わられ，命を救うため悩んだ末，その医者から財布を抜き取り，入院費に充ててくれと兄貴分に頼む。

⑷ **学級の実態**　（略）

⑸ **価値分析表**

　コールバーグの道徳性の発達段階に照らして，予想される生徒の反応を表1（次ページ）に示した。

❷ 授業を行う上での留意点

　教材提示の方法から興味を持ちやすいので意欲的な学習を促せる。子どもたちは「命は大切である」「盗みはいけない」と知っている。しかしこの場合「命を助けようとして盗みをしたことはどうなのか」と問うと，悩みながら，様々な理由で判断する。現実社会は複雑であり，1つの価値を知っているというだけでは，道徳的判断ができず，道徳的行動の実践につながりにくいことも多い。この発達段階では，2つ以上の価値での葛藤場面で，その理由を含めて意見を述べ合う中で，価値の本質を深め，道徳性を発達させることができる。板書を工夫して，意見を整理し，様々な視点からの判断で，人間の生き方についての考えを深めさせたい。

　この「一文笛」は桂米朝師匠の創作落語である。授業者は噺家となって生徒の前に立ってよし，DVDやCD（約15分）を使い（米朝事務所），桂米朝の「一文笛」を視聴させてよし。子どもたちは普段と違った学習環境の中で多くのことを感じ，学び，判断することが期待できる。

表1　価値分析表

ヒデの行為に賛成（盗むべき）	ヒデの行為に反対（盗むべきではない）
段階1　罰回避と従順志向，他律的道徳性	
・もし子どもが死んだら，ヒデは，兄貴や長屋の人や，子どもの親から，お前のせいだと責められるから。 ・命は大切だから。 ・高いお金を出さないと診てくれなかった医者が悪いから。 ・子どもの命を救うためには仕方がないから。	・もし財布を盗んだのがヒデだということがばれたら捕まるから。 ・法律は守らないといけないから。 ・盗みはいけないことだから。
段階2　個人主義・道具的道徳性	
・捕まっても財布を返せば，きっとそんなに重い罪にはならないから。 ・人の命はお金よりも大切だから。 ・もし命が助かったら，子どもは喜んでくれるから。 ・入院は人の命に関わることだけど，盗みは人の命には関わらないことだから。	・もし子どもが死んでも，ヒデは，子どもがかわいそうだから笛をやっただけ。泥棒だと言った婆や追い出した父や身を投げた子どもが悪いだけで，自分を責めることはない。ヒデのせいではないから。 ・盗んでも子どもが助からなかったら意味がないから。
段階3　良い子志向・対人的規範の道徳性	
・医者の金を盗んでも，それで子どもの命が助かったら，兄貴も長屋の人も，誰もヒデのことを悪く言わないから。 ・ヒデのせいでこうなったので，自分のことより子どもの命を優先するのは，当然の責任だから。 ・人の命は，医者の欲や，法律に従うことよりも大切なものだから。	・医者の財布を盗んだことがばれたら，医者も，世の中の人も，ヒデを犯罪者だと思うから。 ・自分のために盗みをしたことを知ったら，子どもは悲しみ，喜ばないから。 ・子どもは犯罪のおかげで助かったと，周りから思われるから。 ・医者はお金をもらって働いているのだから，入院のお金を要求するのはあたりまえで，利益を得る権利があるから。
段階4　社会システムと良心の道徳性	
・子どもの命を救うためにできる義務を果たさなければ，自分が子どもを死なせたという罪の意識をいつまでも持ち続けるから。 ・生命を尊重することは，法律上で最も重要なことであるから。 ・医者の力は，もっと社会の人間愛のために使われるべきであるから。 ・この医者は自分の利益のためだけに知識や能力を使おうとしているので，盗まれても仕方ないから。	・今はわからないだろうけれど，刑務所に入って初めて，自分が法律を破り悪いことをしたことに気づくだろうから。 ・同じような状況でみんながそうしたら社会の秩序は保てないから。 ・医者は自分の力を自由に使う権利がある。それは法律によって守られていて，ヒデが犯すことは許されないから。 ・そもそも勝手な判断できまりをやぶったことから起きた不幸で，今回また親子に別の疑いがかかるなど予期せぬ新たな不幸が起きるかもしれないから。
段階5　社会的契約，人権と社会福祉の道徳性	
・もしもこのまま子どもを死なせたら，周りの人からの尊敬を失い，自尊心を失うから。 ・生命に対する権利には普遍性があり，それは医者の権利を超えるものである。たとえ誰の命であろうと，助けるためにまず医者から金を盗むべきであるから。 ・人の命を救おうとした時に盗みをおかさなければならない社会はそれ自体が不公平であると言わざるを得ない。この場合のこの盗みは，時の法律に反しても，資本主義社会を批判する人間愛に満ちた道徳的行為であるから。	・もしも感情に押し流されて長い目で見ることを忘れ，医者の財布を盗んだら，法を破り，共同社会における地位と尊敬を失うことになるから。 ・法律は人が守ることを前提に作られた約束ごとで契約であるから，個人の権利を守るために必要な生活の規範であり，どんな法律も守るべきであるから。 ・人々が法律のもとで生活している場合，その法律から得られる恩恵と同じように拘束をも受け入れなければならないから。 ・そもそもこの不幸は，自分勝手な解釈の情けできまりを破って盗みをしたことから始まった。また，良かれと思って盗みをしても，まわりまわってどんな不幸が起きるかはわからない。臨機応変に法律を破ることは許されないから。

❸ 展開（1時間扱いの授業展開）

配時	学習活動と主な発問	指導上の留意点
導入 20分	1．落語「一文笛」の前半部分のあらすじを知り，後半を聴く。	○時代背景やスリのことと前半のあらすじを理解させ，後半をビデオや CD，授業者による等で落語を聞かせる。
展開 25分	2．ワークシートを利用して，登場人物の確認をしながら，短時間に，確実に，話の内容を理解する。 ①　発問　ヒデが指を落としたのはなぜですか。 ・スリをやめようと思ったから。 ・自分がスリをしたせいで子どもに疑いがかかって井戸に身を投げたから。 ②　発問　ヒデがまたスリをしたのはなぜですか。 ・入院させたかったから。 ・このままでは死んでしまうので，お金が欲しかったから。 3．主人公がどうすべきだったか，意見を述べ合う。 ③　中心発問　ヒデが医者から財布を盗んで入院させようとしたことをどう思いますか。また，どうしてそう思うのか，理由は何ですか？ ・この場合は，盗むべきだった。盗んで良かった。〜とにかく命が大事だから。 ・この場合は，盗むべきではなかった。盗んではいけなかった。〜子どもが盗んだお金で助かったと後で知ったら悲しむから。 ④　補助発問　盗んだらどうなりますか。盗まなかったらどうなりますか。 ・盗んだら，子どもは助かるだろうけど，自分は捕まるかもしれない。 ・盗まなかったら，子どもは入院できず，たぶん死んでしまう。	＊国語力に関係なく全員を道徳的葛藤に持っていく。 ○行動は心の現れであるから，もとになる気持ちの変化を押さえ，道徳的変容が起きた理由を確認する。 ○表面的な理由ではなく，もう一歩つっこんで問う。 ○盗むべきだったとする意見と，盗むべきではなかったとする意見に分けて板書していく。大切なのは，判断の理由である。両立しにくい2つの道徳的価値で葛藤し，他人の判断理由を聞いてさらに考える中で，道徳性の発達が促進される。 ○ディベートではなく，他の人の意見を聞いて，自分の考えが変わったり，深まったりすることが大切であるということを伝える。 ○どちらを選ぶか正解はなくオープンエンドだが，深く様々な理由を考えて判断できることが大切であることを押さえる。
終末 5分	4．学習活動　今日の授業で感じたこと・考えたことを書く。	○今日の気づきを振り返る。

板書計画

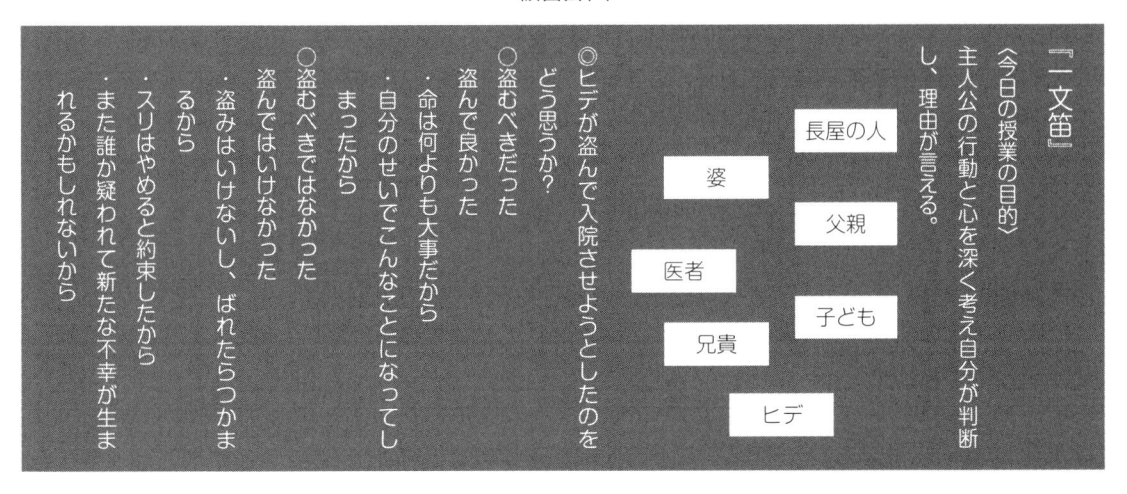

 **ワークシート**

落語「一文笛」

名前

年　組　番

(1) ●と・を線で結んで登場人物を確認しながら，話を思い出しましょう。 （2分）

① ヒデがだんさんに声をかけて話をする場面

ヒデ　　　　●	・煙草入れを売ったつもりが財布をすられた年配の旦那
だんさん　●	・煙草入れを３円で買ったという大阪のかしこいスリ
はやぶさ　●	・煙草入れを２円で買ったという江戸っ子のスリ

② 兄貴が来てヒデに長屋の出来事を話す場面

ヒデ　　　　●	・角の駄菓子屋のおばあさん。子どもが笛を盗んだと思った
兄貴　　　　●	・子どもがかわいそうで，笛を盗んで子どもの懐に入れた
子ども　　●	・前はスリだったが，やめて真面目になり，ヒデに説教する
婆（ばば）●	・貧乏で笛が買えず，泥棒扱いされて，井戸に身を投げる
父親　　　●	・子どものために謝ったり，井戸から引き上げたりする
長屋の人　●	・元武士で貧乏。子どもが盗んだと聞いて，家から閉め出した

③ ヒデが兄貴の長屋に行って話を聞く場面

伊丹屋　　●	・酒屋さん。毎日往診に来てもらっている
北浜の高田●	・名医だが貧乏人が嫌いで金が好き。入院させるならお金
ヒデ　　　●	・医者に子どもを診せるが，入院の前金が高くて悔しがる
兄貴　　　●	・反省してスリはやめようと指を切ったが，また出かける

④ ヒデが戻ってきて話をする場面

ヒデ　　　●	・蔵出しの上等の酒を飲んで酔っぱらい，財布をすられる
医者　　　●	・医者から財布を盗んで，入院代にしてくれと言う
兄貴　　　●	・ヒデが指を２本落としてもスリができたことに感心する

(2) ヒデが，スリをやめようと思ったのはなぜですか。 （1分）

（回答欄）

(3) ヒデが，またスリをした（医者から財布を盗んだ）のはなぜ（どんな気持ちから）ですか。

（2分）

（回答欄）

(4) ヒデが医者からお金を盗んで入院させようとしたことをどう思いますか。 （2分）

┌───┐
│ ①　まず最初に，感じたことをぱっと書きましょう。〈一次判断〉│
└───┘

　　a．この場合は，盗むべきべきだった・盗んでよかった

　　b．この場合は，盗むべきではなかった・盗んではいけなかった

　　c．どうしてもどちらと決められない・わからない

〈どうしてそう思うのですか。その理由を書きましょう〉

┌───┐
│   │
│   │
│   │
│   │
│   │
│   │
└───┘

┌───┐
│ ②　下にメモをしてから，できるだけ意見を言い合いましょう。│
└───┘ （9分）

★盗んだらどうなりますか。

★盗まなかったらどうなりますか。

★「人の物を盗むこと」「きまりを守ること」「命が１つであること」「ヒデの気持ちや心」「子
　どもの立場」「誰のため？」「どうしてこうなってしまったのか」「後になって」

　……など，いろいろなことを考えて意見を言いましょう。

＊今日の目的は，その他の方法がなかったのかを具体的に考えることではありません。

＊「ヒデの行動と心」をいろんな点から考え，この行為を自分が判断することが目的です。

＊今日の授業はどちらに決めるかの正解はありません。判断した理由を言えることが大切です。

＊ディベートではありません。人の意見を聞いて，なるほど……と思って迷うことも大事です。

┌───┐
│ ③　他の人の意見を聞いて，もっと考え，もう一度書きましょう〈二次判断〉│
└───┘ （2分）

　　a．この場合は，盗むべきだった・盗んでよかった

　　b．この場合は，盗むべきではなかった

　　c．どうしてもどちらと決められない・わからない

〈どうしてそう思うのですか。その理由を書きましょう〉

┌───┐
│   │
│   │
│   │
│   │
│   │
│   │
└───┘

【執筆者紹介】（執筆順）

荒木　紀幸	兵庫教育大学名誉教授	はじめに，第1章
野口　裕展	熊本県山都町立蘇陽南小学校長	中1-①，④，⑥，⑨，中2-⑥，⑧
森川　智之	愛知県小牧市立光ヶ丘中学校長	中1-②，⑦，中2-③，⑩，中3-①
荊木　聡	大阪教育大学附属天王寺中学校	中1-③
廣瀬　明浩	大阪教育大学附属天王寺中学校	中1-⑤
山本　善博	大分少年院，法務教官	中1-⑧
吉田　雅子	大阪教育大学附属天王寺中学校	中2-①
大島　聖美	大阪府貝塚市立第四中学校	中2-②
井原　武人	大阪教育大学附属天王寺中学校	中2-④
田中真理子	大阪府貝塚市立第四中学校	中2-⑤
中野　宏美	大阪府泉佐野市立日根野中学校	中2-⑦
野本　玲子	大阪府吹田市立青山台中学校	中2-⑨，中3-⑥
小林　将太	大阪教育大学講師	中3-②
荊木　仁	川﨑会看護専門学校講師	中3-③
和田　雅博	大阪府豊中市立第十六中学校	中3-④
伊藤　裕康	香川大学教授	中3-⑤
桂　米朝	落語家	一文笛（作者）

【編著者紹介】

荒木　紀幸（あらき　のりゆき）

大阪府に生まれる

1968年　同志社大学大学院博士課程心理学専攻中退

現　在　日本道徳性発達実践学会理事長,
　　　　兵庫教育大学名誉教授　博士（心理学）

連絡先　〒673-1431
　　　　兵庫県加東市社1386-11

〈主訳著書〉

『道徳教育はこうすればおもしろい―コールバーグ理論とその実践』（編著）北大路書房　1988年,『ジレンマ資料による道徳授業改革―コールバーグ理論からの提案』（単著）明治図書1990年,『続道徳教育はこうすればおもしろい―コールバーグ理論の発展とモラルジレンマ授業』（編著）北大路書房　1997年,『親から子へ幸せの贈りもの―自尊感情を伸ばす５つの原則』（監訳）玉川大学出版部　1999年,『モラルジレンマによる討論の授業　小学校編・中学校編』（編著）明治図書　2002年,『道徳性を発達させる授業のコツ―ピアジェとコールバーグの到達点』（監訳）北大路書房　2004年,『不安やストレスを下げ,自尊感情を高める心理学―学校生活を充実させるために』（単著）あいり出版　2011年,『モラルジレンマ教材でする白熱討論の授業＝小学校編（2012年）／中学校・高等学校編（2013年)』（監修者）明治図書,『わたしたちの道徳』教材別ワークシート集, 小学校１／２・３／４・５／６年, 中学校（共編著）2015年, 明治図書

考える道徳を創る
中学校　新モラルジレンマ教材と授業展開

2017年2月初版第1刷刊　Ⓒ編著者　荒　木　紀　幸
2018年6月初版第5刷刊　　発行者　藤　原　光　政
　　　　　　　　　　　　　発行所　明治図書出版株式会社
　　　　　　　　　　　　　http://www.meijitosho.co.jp
　　　　　　　　　　（企画）茅野　現（校正）㈱東図企画
　　　　　　　　　　〒114-0023　東京都北区滝野川7-46-1
　　　　　　　　　　振替00160-5-151318　電話03(5907)6701
　　　　　　　　　　ご注文窓口　電話03(5907)6668
＊検印省略　　　　　　組版所　株　式　会　社　カ　シ　ヨ

Printed in Japan　　　　　　ISBN978-4-18-245114-0
もれなくクーポンがもらえる！読者アンケートはこちらから →　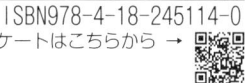